中国经济这些年

关乎你财富的八件事

张涛／著

ZHEJIANG UNIVERSITY PRESS

浙江大学出版社

当前,全球经济仍然处于金融危机后的深度调整期,不稳定、不确定因素增多。中国经济正进入"新常态"运行期,发展的重要战略机遇期依然存在,同时也面临不少困难和挑战,调结构、转方式、促创新任务仍然艰巨。党的十八届三中全会审议通过的《中共中央关于全面深化改革若干重大问题的决定》已从"顶层设计"的层面为今后中国经济社会的发展提出了清晰的目标和路径,现在摆在我们面前的首要任务就是要"使各项改革举措落地生根,确保各项改革取得预期成效,真正解决问题"。

伴随三十多年的快速发展,中国已经正式进入中等收入国家行列,然而过去的高增长并不必然意味着未来的高增长。从世界经济史来看,全球范围内有很多经济体都成功地由低收入国家转变为中等收入国家，但只有很少的经济体能够由中等收入国家转变为高收入国家，绝大多数国家陷入了所谓的"中等收入陷阱"，至今不能自拔。作为一个刚进入中等收入国家行列不久的国家，中国无疑也将面临从高速增长阻滞至中高速增长的挑战，至于是否属于有人担忧的"中等收入陷阱"时期，姑且不论。但维系高增长的红利因素已开始势减，如何尽快找到新的增长点，保持中国经济更加有活力、更加持续地发展，是摆在我们每一个人面前必须思考的问题，这可能就是我们面临的新常态。

条分缕析，功成业就。2015 年 1 月，习近平总书记在中共中央政治局第二十次集体学习时强调："要准确把握、主动适应经济发展新常态，就是适应国际国内环境变化、辩证分析我国经济发展阶段性特征做出的判断。"做判断自然就离不开分析，尤其是在分析经济形势时，必须要用历史的眼光，坚持短、中、长期结合，只有这样才能得出正确客观的结论，政策措施也才更行之有效。

张涛博士在这本书里对物价、债务、税负、汇率、金融环境、房地产、城镇化、宏观政策选择等热点问题分析，正是本着理论联系实际、历史与逻辑统一的原则，为我们进一步理解中国经济运行内涵提供了有益参考，其分析有很多不同于流行观点之处，他对于中国经济运行的一些似是而非概念的厘清、规律的重新解读也颇具新意，为我们思考中国经济的未来发展，提供不少新的视角，对于当前的政策实践也具有较强的现实意义。

由于看问题的角度不同以及理念的差异，经济分析难免有争议，因此作为作者的一家之言，本书提出的想法有待进一步辨析，一些观点还可以更加充分地讨论。我希望张涛能继续努力，也希望有更多的有识之士加入中国宏观经济研究中来，从各种角度进行探索，更好地为实现中国经济转型提供有意义的参考。

2015 年 8 月 10 日

2012 年对于中国而言无疑是拐点之年!

这一年,我们的人均 GDP 超过 6000 美元,进入中等收入偏上国家的行列;中国占全球贸易比重超过了 10%;人民币成为全球前十大交易最活跃的货币;全国税收收入突破 10 万亿元人民币;外汇储备高达 3.3 万亿美元……

这一年,我们的经济增速降至 8% 以下,正式结束了高速增长;劳动适龄人口开始出现净减少,人口红利发生了实质性衰减……

这一年,我们的社会融资总量突破 15 万亿元;信贷余额更是突破了 60 万亿元;全社会一年的利息支出量接近 GDP 的十分之一……

还有很多数据可以列出,这里就不赘述了,因为已经能够说明 2012 年的拐点特征了,因为经济增速变"慢"了、经济成本变"贵"了、经济负担变"重"了。

拐点之后，中国的前景会如何？似乎有点"进退维谷"的意思。而过去这些年发生在我们这里的故事，又该如何解释呢？

"欲知过去因者，见其现在果；欲知未来果者，见其现在因。"

2012年3月18日，我曾由此感慨地写下一则感记："今晨起，斟茶一壶，杂事临，遂忘之。至午，忽记起，但茶已久泡，香皆无，唯留汤色，饮之苦涩，倾之可惜，留之无味。顿觉，人如此，国亦如此，若无新水之源，若无变动之法，若无续注之行，则形似质非，人则徒有其表，国则唯留形式。如若再以汤色假之本味，实属无奈、无力、无责、无义之举。吾遂倾之，换一杯清水代之，竟也余香涟涟。"之所以有此感记，实因笔者对于这些年中国经济运行的诸多现象产生了越来越多的疑惑，而这些疑惑正是本书的思维起点。

但是更让笔者困惑的是，越来越多的经济分析和逻辑推演不仅没有把问题解释清楚，反而把真相搅得更加扑朔迷离。由此笔者不禁联想到1932年，海明威在其《午后之死》中曾写过的一句话："冰山运动之雄伟壮观，是因为它只有八分之一在水面上。"该句话后来成了文学写作中知名的"冰山原则"，即用简约的手法引导读者进入更丰富的想象空间，也正是海明威独特的减法，才造就了海明威粉丝的普遍加法。而当前，这种独特的减法思维，却似乎越来越多地出现于对中国经济运行的观察和分析之中，越来越多的人只关注经济运行水面上的八分之一表象，而忽略水面下的八分之七，进而造成对于诸多经济运行问题的理解偏差。

本书试图探究的正是这些年中国经济运行水面下的八分之七，由于这个水面下既有鱼类、水草、微生物，还有泥沙、旋涡，甚至还有不明的水怪，如果一头扎进去，不但不能"浑水摸鱼"，反而可能摸不着东西，迷失了。

怎么办？需要有根绳子始终拉着自己去按图索骥，而本书八个故事的绳子就是一个"钱"字。因为身处在现代社会的我们，几乎所有行为都与钱有关，吃穿住行要花钱，收入不够要借钱，钱没花完要存钱，享受公共服务要缴钱，与老外打交道要兑钱。但是如果钱用得不好，我们就可能面临通货膨胀、资产泡沫、债务违约甚至失业等,而这些都将直接导致我们福利水平的下降。因此,除了自理好之外,还需要政府把钱管好,这个管包括印钱、收钱和借钱,当然政府自己也用钱;而且这个管既包括数量,还包括价格,这个价格则既包括对内的(利率),也包括对外的(汇率)。

沿着这一粗线条的勾勒,就有了本书的八个故事:价事、钱事、债事、税事、汇事、房事、城事和策事。

第一,伴随着经济下行和通胀水平的回落,近两年有关中国是否已经陷入通缩的争论越来越多,"中国价事"在回答这一问题的同时,更想告诉读者的是,在物价变动的背后,还有什么被我们忽视了,为什么这些年我们在吃穿住行方面的物价变动差异如此之大,其逻辑又是什么? 未来我们的价格改革还有那些关要闯?

第二,作为此次危机的应对措施,政府投放了巨量货币,进而也为经济运行营造出"不差钱"的境况,但这种不差钱是否仅为本次危机之后的独有现象,如果不是,那其原因何在? 而 2013 年之后,为什么在"不差钱"的环境下,中国的钱反而贵了,实体经济的融资成本始终降不下来? "中国钱事"就是在回答这些问题。

第三,中国债务增长过快、规模巨大已是共识,由此未来是否会发生债务危机的讨论就成为题中应有之议。与乐观派相比,持担忧情绪的人显然更多一些,这种担忧会成真吗? 美国作为全球最大的债务国,其在债务问题上的轨迹又会给我们什么启示? 未来中国的化债之路究竟如何选择? 在"中国债事"中,笔者提出了自己的解释和想法。

第四,近年来民众对于高税负影响个体福利的质疑之声越来越大,而降低税负也近乎是每年全国"两会"期间的热门议案之一。但至今政府依然停留在税制的技术性修复阶段,为什么政府不愿意做出更大的减税动作,其中中央和地方政府又存在着哪些博弈,其背后还有哪些历史渊源和现实原因? 这些问题的答案就在"中国税事"之中。

第五,如果说前四个故事讲的是我们内部的事情,那么围绕"钱"字,还有一个与外部有关的故事，即"中国汇事"。在这个故事中，笔者想和读者分享中国经济的第三次突围、人民币汇率的二十年轮回和人民币国际化的路径选择等几个有意思的话题。对于这些话题的理解，远比单纯地讨论人民币汇价的高低更有现实意义。

第六，俗话说开门七件事，"柴米油盐酱醋茶"，都是花钱的事，但我们最大的花钱之处却是这个"门"。因为你得先有房子，然后才能有门，"中国房事"回答了为什么房价"上下不得"，房政"左右摇摆"，同时从生命周期的角度对未来房子问题的解决给出了一家之言。

第七，中国的城镇化是被喻为影响 21 世纪世界经济最重要的事件之一，同时城镇化也是解释中国经济奇迹的一条重要线索。但"土地城镇化"快于"人口城镇化"造成社会结构巨变的客观事实，则迫使我们必须重新反思这些年的"中国城事"，尤其是对于城乡关系和人口红利的重新认识，因为这些将决定未来中国经济新的增长点能否最终形成。

第八，在本书最后一个故事"中国策事"中，围绕总量与结构、货币与财政，笔者谈了自己对于宏观调控政策的看法。尤其是在新常态的运行阶段，政府必须重新权衡需求管理和结构调整，把现在本来不属于货币政策的任务回归到其应有的位置，让真正的结构调整引导者发挥作用。

以上八个方面，就是本书想和读者交流讨论的主要内容，同时在此次文字苦旅之后，笔者隐隐感觉到中国经济竟然已不自觉地陷入"珍珑棋局"的苦弈之中。如何解局，笔者在书中提了一些自己的思路，但经济分析是一项非常复杂的工作，而经济运行又远比理论假设更为复杂，所以这些思路是否对路，留给读者评判。

最后想说的是，如果大家在掩卷本书之后，心弦随之被触动了一下，甚至还看到了破解"珍珑"的"虚竹小和尚"些许影子，我想本书就已经十分出色地完成了任务。

2015 年 8 月 12 日凌晨

-------◈ ◈ 致谢 ◈ ◈--------

写作本书耗时颇长，期间几易书稿，欠下了太多的感激。

首先感谢好友陈旭敏，因为本书就是缘自2013年与他的一次聊天，他给我提建议，希望我围绕着一个主线写东西，这样既可以锻炼思维，又可以检验逻辑。感谢路透中文网新闻部主编毕晓雯女士，她的支持和帮助对于本书的内容至关重要。感谢好朋友巨晓津给予了本书许多中肯的建议，而我的同事路思远则在数据方面给予我很大的帮助。

感谢《东方早报》副主编孙鉴老师的帮助和牵线，令本书得到蓝狮子的厚爱。而本书能够如期面市，则与蓝狮子文化创意有限公司总裁崔璀老师、执行主编陶英琪老师、资深编辑余燕龙老师的高效率和责任心分不开，他们在出版过程中体现出了非常专业的水准。

更要感谢中国建设银行董事长王洪章先生为本书撰写序言，感谢汇丰银行大中华区首席经济学家屈宏斌先生和清华大学公共管理学院崔之元教授对本书的推荐，他们给了本书太多的抬爱之词。

最后感谢我的家人。对本书而言，家是她的产房，家人就是她的助产师。

似乎再说什么感谢之词都是多余。

中国价事

自 2014 年 8 月份开始,中国的 CPI(居民消费物价指数)涨幅在时隔四年半之后,重新回落到 2% 以下,加之 PPI(工业生产者出厂价格指数)自 2012 年 3 月份就一直处于负增长状态,由此是否就能得出中国经济已经步入通缩的结论呢?

　　众所周知,通货膨胀(inflation)就是票子变多了,东西变贵了,那么反之推理,通货紧缩(deflation)是否就是票子发少了,东西变贱了?对此学术界一直争论不休,最后只能退而求其次,转而用经济运行表征来描述通货紧缩。例如中国人民银行副行长易纲等人在研究 1998 年至 2002 年间中国经济运行时,就曾用"两个特征,一个伴随"来定义通货紧缩,即当经济出现货币流通量和物价水平双降之后,伴随着出现产出增长、速度下降的时候,经济运行就处于典型的通缩。通俗地说,就是经济中钱的周转速度慢了，东西便宜了，同时经济增速还出现了明显的下降，这时就可以说通货紧缩形成了。

　　而若以上述标准来衡量的话，目前尚不能得出中国已进入通货紧缩的结论，只能说物价的一般水平只是增长得慢了。而当我们抛开这些数据，从自身的实际感受而言，谁又真的感觉到东西便宜了呢？

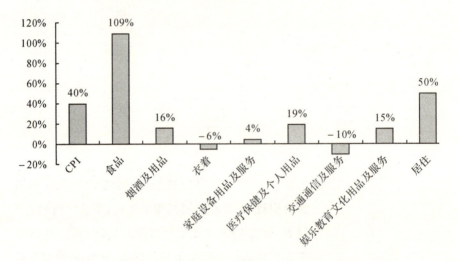

数据来源：国家统计局

2001—2014 年各项居民物价的累计涨幅

通货膨胀真的远去了吗？

　　当我们谈论物价高低的时候，听到最多的一个词就是 CPI。**CPI 的中文名字叫居民消费价格指数**，它主要是由 8 项指标构成的一个篮子物价变化指数，国家统计局会在每月 10 号左右公布上个月的 CPI 数据。举个例子，2014 年 10 月份（这个月份并没有什么特定的含义）CPI 月度同比涨幅为 1.6％，月度环比涨幅是 0，表明这个月的物价整体水平比去年同期上涨了 1.6％，而较上个月没有变化。而从 2014 年 8 月份开始，CPI 的月度同比涨幅在四年半之后,重新降到 2% 以内,所以大多数分析人士认为,伴随着经济增速的不断下行,后期物价上涨(通胀压力)似乎不是太大的问题。但问题是,这些年国家统计局公布的通胀数据和大家的实际感受相差较大,由此就有人质疑国家统计局数据的真实性。这正是笔者要和大家聊"价事"的初衷,因为统计数据是客观的,但在解读数据过程中,就会多多少少夹杂了主观的因素,正所谓"乱花渐欲迷人眼"。有一个叫瓦尔特·克莱默的德国人,就曾写过一本书《统计数据的真相》,他在书中戏言,"**世界上有三种谎言:谎言,该死的谎言,还有统计数据**"。

那么笔者就来解构一下,我们眼中的 CPI 究竟是个什么东西。

在 CPI 的构成上,各国大致都一样,基本是由食品、衣着、交通和通信、烟酒、家庭设备、医疗、娱乐教育和居住 8 大类消费物价指标构成,其中后 7 项又统称为非食品项目,但是由于各国居民的消费支出结构不同,所以 8 大类指标在 CPI 中的权重是不一样的。例如,目前我国食品在 CPI 中的权重为 30%,相应非食品的权重为 70%,其中居住类的权重仅为 18%;而美国这两类的权重则分别为 15% 和 85%,其中居住类的权重在 40% 左右。所以在美国,CPI 的变化和房租的变化是一致的,而在我国则是偏离的。

那接下来,大家很自然地就会问,**我们的 CPI 权重的设置依据是什么?笔者告诉大家,这个权重不是统计局编出来的,而是统计得来的,是依据城镇居民的消费支出结构来设定的,统计局还会根据居民的消费支出结构的变化,定期地对 CPI 中各项的权重进行调整**。例如 2000 年时候,食品在城市和农村居民消费结构中的占比分别为 50% 和 55%,就是说在我们日常的开销中,有一半的钱花在食品上了。到了 2013 年,伴随食品开支比重的下降,统计局将 CPI 中食品的权重也较 2000 年进行下调。而且食品在消费支出中占比的下降,也符合经济发展规律,这里就自然引出另外一个我们熟悉的名词——恩格尔系数。

恩格尔系数,是以 19 世纪德国统计学家恩格尔命名的,是指食品在消费支出中的比重。恩格尔还发现,伴随着一个国家的不断富裕,该国居民的恩格尔系数呈不断下降趋势。也就是说，收入越多，花在食品上的钱相对越少。而观察21世纪以来我国的情况，也符合这个规律。2000年我国城市和农村居民的恩格尔系数基本在50%左右，到2013年已经降到40%以下。因此，仅仅就官方公布的通胀数据本身而言，统计局并没有造假。当然你可能要问，为什么居住类的权重这么低（不到20%），明显和我们在居住上实际开销情况不一致。其原因就在于CPI中的居住类是指房屋租金的价格，而如果要考虑到目前大量农村居住较高自给率的话，实际上接近20%的占比，也是客观的。

所以，从统计局公布的数据本身而言，恐怕不能解释数据和我们的实际感受之间的巨大差异。问题出在哪？

笔者在回答这个问题之前，先给大家看几个数据。

按照统计局公布的CPI及其构成的八类指标的环比数据，我们可以计算出这个物价指数的累积涨幅。如果以2000年为基数年，那么就能算出21世纪以来，我国物价水平累积增长了多少。

第一个数据，按照统计局公布的CPI，21世纪至今我国的消费价格整体累计上涨了多少呢？是40%。这意味着在过去的十四年中，我们的收入被物价上涨抵消了40%。

第二个数据，十四年间，CPI篮子中哪一类消费品的价格涨幅大呢？是食品，累计涨幅接近110%。看，一个有意思的地方出来了，如上面所说，我们的恩格尔系数是下降的，意味着用于食品的花销是下降的，照理说如果一类商品的购买量没有出现快速增加的话，那么这类商品的价格一般不会出现大幅上涨，可食品的实际情况恰恰相反。

第三个数据，十四年间，在CPI的篮子中，哪一类消费品的价格涨幅最小呢？是交通，累计涨幅超过-10%，这意味着我们的交通成本少了10%，而统计局的数据又告诉我们，十四年间我们用于交通的花销增幅超过50%（交通占消费支出的比重）。2000年城市和农村居民的交通占消费支出的比重分别为6%和9%，目前已经分别升至12%和15%。这个情况和食品正好是相反。另外在八大类的消费品中,还有一类消费的价格也是降的——衣着,十四年间累计涨幅为-4%,但与交通不同的是,衣着类在消费支出中的比重,这些年基本稳定在5%~6%之间。

第四个有意思的地方,就是近年来在中国出现了所谓"猪周期",因为21世纪以来的几次物价快速上涨中,期间均能见到猪肉价格的飙升。例如,2007年四季度到2008年一季度,猪肉价格的月同比涨幅高达70%~80%,当时CPI的月同比涨幅高达7%~9%;还有就是2011年第二、三季度,猪肉价格的月同比涨幅高达40%~60%,当时CPI的月同比涨幅高达5%~7%。大家可能会问,猪肉在CPI的占比是不是很高啊?其实不算高,只有3%左右,猪肉的权重和蔬菜是一样的。

像上面这样有意思的中国物价故事还有很多。但笔者想和大家聊的话题是:**为什么我们总质疑官方公布的物价数据呢?其实问题不是出在数据本身,而是出在我们看数据的眼光上。**

统计局公布的物价数据主要有三个口径:月度同比变化、月度环比变化和年内平均变化,而这三个数据都是在说物价的一个相对变化程度。例如,月度同比变化说的就是这个月的物价较去年同月变化了多少;月度环比变化说的是这个月的物价与上个月相比变化了多少;而年内平均变化无非就是一年中各个月物价变化幅度的平均值而已。物价给我们的实际感受却是我们所购买东西的绝对价格涨了多少,换句话说,十年前(或者五年前、三年前、一年前),我们用1000元去超市买东西,东西能装满一辆购物车;而十年后,同样是花1000元,购物车怕是连半车都装不满。因为这些年物价一直在涨,已经累计涨了40%了;如果你仅仅是买食品的话,现在花1000元恐怕只需要一个购物袋就足够装了,因为这些年食品价格累计上涨了110%。

这么一来,仅仅因为一个物价指数涨幅的回落,就可以满心欢喜地认为东西便宜了吗?反正笔者高兴不起来。当然笔者和大家讲的这个故事,与规范性的经济分析有所差别。例如,有关"CPI降了,央行是不是应该降息呢？"等诸如此类的讨论，笔者会在随后的故事中和大家聊一聊。还有上面列举 4 个有意思的数据，其背后究竟还有什么故事？

为什么我们的吃穿住行是这样的？

在前文中，笔者曾大致算了一个账：2000 年至今，我国涵盖八大类居民消费的整体物价水平累计增长了 40%（以 CPI 数据测算），还摆了 4 个有意思的数据。接下来，笔者就和大家详细说说，这 4 个有意思的数据究竟意味着什么。

在 CPI 的 8 项分指标中，涉及我们基本生活的主要有 4 项，笔者将之归纳为"吃穿住行"，这 4 类消费合计在 CPI 中的权重接近 70%，而这些年来，我们的"吃穿住行"的价格水平累计涨幅分别为 110%、−4%、50% 和 −11%，同期这 4 项开支在我们消费支出的比重变化分别为：城市食品的支出比重下降了 5%，农村食品的支出比重下降了 11%，城乡衣着的支出占比基本保持不变，城乡交通的占比提升了 7%，城市居住的占比下降了 2%，农村居住的占比提高了 3%。

两类数据对比下来，出现了两个有意思的地方：**这些年，我国居民的穿和行两个方面的福利实实在在地得到了改善，因为支出占比没有下降，而价格水平明显下降；但吃和住的福利可能是恶化了，因为支出占比没有明显提高，价格水平却涨幅惊人。**

原因何在？

为了更好地探究这一问题，先来看看美国同期的情况。21 世纪以来，美国 CPI 的累计涨幅为 37%，其居民的"吃穿住行"在 CPI 中的权重为 73%，大体上和咱们一样。2000 年至今，美国居民的"吃穿住行"的累计涨幅分别为 44%、2%、37% 和 40%，同期 4 类在消费中的比重变化不大。除了衣着类（由于以中国为首的劳动力密集地区的纺织服装出口这些年带给了美国很多便宜的商品），其他三类消费支出的涨幅大体上与 CPI 一致。

要知道在美国,居民消费占其国民经济的比重约为 65%～70%,属于典型的消费主导性国家,而且其消费大量依靠举债。例如,2013 年美国家庭名义收入仅较 2000 年增长 25%左右,涨幅低于物价水平的涨幅近 10 个百分点,但 2013 年美国家庭的负债余额较 2000 年增长了 60%,2006 年增幅曾高达 100%以上。

所以美国的情况很简单,一目了然:只要房价涨,居民就可以凭借房屋增值部分获得银行信贷,进而保证其消费持续旺盛(但结构没有太大的改变),所以除了衣着(另外还有电子设备,而此也是中国近年来出口产品的重点)之外,其各项消费物价的涨幅大体一致。而 2008 年的次贷危机,让美国最难受的地方就是房价不涨了,发动机熄火,消费必然随之不行了,因此美国反危机的重点也很清晰,就是保消费。君不见,危机以来美联储一直担心的不是通货膨胀,而是通货紧缩,印起钞票来一点都不犹豫。反观我们,中国人民银行(中国的印钞机)怕是没有这么洒脱,因为这些年食品价格已经涨得太多了,稍有不慎,老百姓就会很不满意。

借用周其仁老师的"两个海平面"(以美国为代表的高海平面,以中国为代表的低海平面)的比喻,美国的物价样本在理论上可以很好地得到解释——经济增长,消费旺盛,各类物价齐头并进。而我们这个海平面出现不一样的原因又是什么呢?

要想解释这个问题,笔者想从 21 世纪中国经济的拉动因素谈起。

实际上自 2001 年中国加入 WTO 后,出口逐渐成为经济最强的拉动因素(加入 WTO 至金融危机前,净出口对我们经济增速的拉动作用平均为1.5%),而为了适应外部市场的需求,实际上要求内部经济开展有针对性的调整,相应的,中国经济在微观层面就发生了深刻变化。

以中国进出口产品结构变化为例:1995 年,中国出口产品中比重最大的是纺织品,达 25%左右,到 2013 年则降至 5%,同期机电产品的比重则由18%升至 60%左右;相应 1995 年机电产品和纺织品占进口总量的比重分别为 36%和 12%,随后纺织品比重一路下滑,到 2013 年已经降至 2%,而机电产品的比重基本稳定在 35％～40％；而石油在内的矿产品的进口比重由 1995 年的 5％升至目前的 25％。

上述我国外贸方面的数据表明，针对劳动力的自然禀赋，出口成为中国经济快速增长的策略重点，而纺织品、机电产品和能源矿产品等在进出口中的比重变化，则反映出中国经济由劳动密集型向资本与劳动双密集型的转变。与之相对，中国政府在资源配置导向上，则采取了前期重点配置纺织行业，后期转到装备制造业（背后需要交通运输等基础设施的大量投入）。由此出现的结果就是，居民"穿"和"行"的需求面对的是供给的快速增加和多样化，所以这两个方面的支出比重虽在增加，但其物价水平却在持续下降。

随着经济的快速增长，居民收入也随之上升，必然会带来居民膳食结构的改善，因为人富裕了，吃的也自然就好了。例如，2000 年之前粮食需求在我们的食品总需求中的比重在 15％以上，目前已经降至 8％，而肉、蛋、奶、禽、在外就餐的比重相应上升，说白了就是我们吃得越来越好了（当然食品质量是否提升，则是另外一个话题）。与膳食结构改善相对应，农业在产出、用地、用水等多方面发生了变化，这本身就会带来食品成本的上升。

另外，在出口导向下，工业产能的扩张，还带来了农业用地和工业用地竞争关系的激化。工业对土地要素需求激增，建厂、铺路都需要土地，而且劳动力由农业部门向非农业部门的转移，也带来土地要素用途的变化。即工业化和城市化用地均对农业用地形成了客观上的侵占，而这一侵占也在客观上带动了土地要素的成本上升，这也是中国房价上涨的一个原因，而房价的上涨必然带来房租的提高。

由此，出现了上面说的"吃"和"住"福利可能反而恶化了，因为支出占比没有明显提高，物价水平却涨幅惊人。

另外笔者还想强调的是，这些年宏观经济确实是在增长，经济增长降速只是 2012 年之后的事情。逻辑上，随着宏观经济的增长，居民收入本应跟着提升，那么居民抗通胀的能力也应该增强。但是我们的实际情况却是,居民抗通胀能力被多重因素弱化。

例如,城镇居民家庭人均年可支配收入由 2000 年的 6295 元升至 2013 年的 29547 元,增幅为 370%,其中消费性支出由 2000 年的 4998 元升至 2013 年的 18023 元,增幅为 260%;同期农村居民家庭人均年纯收入由 2000 年的 2253 元升至 2013 年的 8896 元,增幅为 295%。可见居民收入的增幅明显小于同期 GDP 473% 的增幅,即居民微观层面的收入明显滞后于宏观经济的高增长。同期国家年财政收入则由 2000 年的 11913 亿元增长至 2013 年的 129143 亿元,增长了 10 倍之多;国家年财政支出由 2000 年 15890 亿元增至 2013 年的 139744 亿元,增长了近 9 倍之多,显示政府在高增长蛋糕中所占份额是提升的。而按照统计局公布的收入法①口径下的 GDP,劳动者报酬在经济中的比重由 2000 年的 52% 下降到 2012 年的 45%,2007 年曾一度降至 40% 以下;企业盈余在经济中的比重由 2000 年的 19% 升至 2012 年的 26%,2007 年曾一度升至 31% 以上。

三组数据均显示,伴随宏观经济的高增长,同政府和企业相比,居民在经济蛋糕中分得的份额是下降的,这样自然就会削弱居民抗通胀的能力。再加之医疗、教育、养老等诸多后顾之忧至今未能得以解决,直接导致中国居民的储蓄率由 2000 年的 37.7% 升至目前的 50.2%(以每年平均 1 个百分点的速度在上升),而存款利率的管制以及期间出现的长期实际负利率,又在一定程度上蚕食了居民的真实货币购买力。

除了通胀压力和收入增长乏力之外,收入分配结构的恶化,进一步弱

---

① 收入法也称分配法,是从生产过程创造收入的角度,根据生产要素在生产过程中应得的收入份额以及因从事生产活动向政府支付的份额的角度来反映最终成果的一种计算方法。按照这种计算方法,GDP 由全国各行业汇总的劳动者报酬、生产税净额、固定资产折旧和营业盈余四部分组成。其中,劳动者报酬是雇员对企业提供劳动获得的工资和各种形式的报酬;固定资本折旧是生产中使用的房屋和设备在核算期内磨损的转移价值;生产税净额是企业向政府支付的利润前的税金减政府对企业由于政策性的原因造成的亏损而给予的补贴;营业盈余是企业从事经营活动所获得的利润。

化了低收入阶层居民的抗通胀能力。王小鲁教授 2013 年的研究显示，按照城镇居民家庭 10％分组，最高收入家庭的收入是最低收入家庭的 26 倍，如此巨大的收入差距，使得本已滞后经济增长的居民收入雪上加霜。

因此，如果从上述吃、穿、住、行四个维度来看我们这些年的物价问题，仅仅指责货币因素（央行印的钞票太多了）是罪魁祸首，肯定是不全面的。笔者认为，这些年我们的宏观管理部门虽然"千方百计"在通货膨胀恶性演变苗头出现前将其捻灭，而这只是在短期内将问题延后。从长期而言，如何提高居民在经济增长蛋糕中所分得的比重，如何尽快扭转已很严重的收入差距局面，才是"千方百计"中的大计所在。

二师兄的肉比师傅的贵

在上篇中，笔者和大家分析了过去的十余年间，我们在吃、穿、住、行四个方面的物价变化情况及其背后的原因。由于在我们的 CPI 篮子构成中，食品价格的权重占到 30％以上，所以当我们对于未来物价水平作预测时（物价预测始终是宏观层面的调控、微观层面的投资等最为重要的考量因素之一），对于食品价格的预判就显得格外重要。而观察近年来食品价格的变化，猪肉价格恐怕最让人印象深刻。说到此，笔者不禁想起了 2008 年广为流传的一个段子，当时针对猪肉价格的快速大幅上涨，坊间流传着一则笑话——有一天，沙僧火急火燎地对孙悟空说："大师兄，大师兄，不好了，现在二师兄的肉都比师傅的贵了！"

其实，如果按照 5％的涨幅为标准来划分（因为从 2001 年至今，CPI 涨幅的历史均值是 2.5％，5％就是历史均值的 2 倍），21 世纪以来我们大致经历了三次物价水平的快速增长，用经济学的语言讲就是经历了三次明显的通货膨胀。而在这三次通货膨胀当中，我们总能看到猪肉价格的影子。例如，2004 年 8 月份 CPI 涨幅升至 5.3％，同月猪肉价格涨幅超过 25％；2008 年第一季度，CPI 涨幅接近 9％，同期猪肉价格涨幅接近 70％；2011 年 7

月,CPI涨幅升至5.3%,同月猪肉价格涨幅接近60%。可见在我们的"价事"当中,确实存在"猪肉周期"。

不知大家是否还记得,就在我们热议"二师兄肉贵"期间,还经历了"豆你玩""姜你军""蒜你狠""糖高宗""盐王爷"……但为什么只有猪肉出现了周期性的变化?

说到其中原因,笔者先给大家看几个数据:

第一个数据就是,2003年中国人均GDP刚刚突破1000美元,而到2006年就已突破了2000美元,而按照国际通行的标准,中国经济已经从人均GDP 2000美元以下的经济起飞阶段迈入2000~10000美元的加速发展阶段。目前中国人均GDP已经接近8000美元,可见中国经济在加速发展阶段所花的时间较发达国家的历史大大缩短了,相应中国人的膳食结构也出现了史无前例的变化。例如,国家统计局数据显示,2012年中国城镇居民人均粮食年消费量较2000年减少了4公斤,同时猪肉的年消费量增加了5公斤、水产品和鲜奶均增加了4公斤;同期农村居民的人均粮食年消费量较2000年减少了86公斤,同时肉禽的年消费量增加了5公斤、水产品和鲜奶分别增加了1公斤和4公斤。

第二个数据则是,以2012年的数据为例,城市居民人均粮食年消费量是农村的一半(城市是79公斤,农村是164公斤),但城市居民猪肉的人均年消费量是农村的1.5倍(城市是22公斤,农村是15公斤)。

仅此两个数据已经说明,城里人的膳食结构明显要好于乡下。而在过去十余年间,我们的城镇化率提高了多少?提高了18%。换句话,就是大约有近3亿的乡下人变成了城里人。

若大家觉得上面的数据看着有些晕,那么笔者归纳一下,这两组数据实际上就是说:**从纵向看,无论是城里人,还是乡下人,近十余年来我们吃得越来越好,粮食吃得少了,肉、鱼、奶吃得多了。从横向看,吃得好的人群比重还在不断提高。**

好了,说到这儿,咱们回过头来说说,为什么只有"二师兄的肉"形成了周期？蔬菜、鲜果类的食品在 CPI 中的权重和猪肉是一样的,由于生产周期短,基本多追一把肥、多撒一把种、多支一座大棚,就能很快把此类食品的供给增加出来,虽然这一类食品受季节性影响较大,但大家千万别忘了笔者在前面说过的,"行"方面的改善是这些年咱们"价事"中的一大亮点,因此便捷、覆盖面广的交通网络就可以很好地消除季节性的影响。但是猪肉却不行,因为从能繁育小猪的母猪入栏,到幼猪出生,最后到鲜猪肉上市,期间大致需要 50 个月,也就是说对于猪肉而言,从增加供给到最终显效,中间存有一个时滞。

也正是由于这 50 个月的时滞,产生了猪肉价格的周期性波动,有关此点还有一个经济学的经典理论与之对应——蛛网理论。笔者在这里把这个理论简单翻译一下:当猪肉价格上涨后,养殖户开始惜售存栏猪,同时增加补栏数(即依据当期的价格决定后期的供给量),而供给的增加最终会导致猪肉价格下跌,相应的养殖户开始减少供给,直至猪肉价格重新上升,如此不断循环反复,所以猪肉价格呈现出周期性的变化——由于从增加供给到最终实现供给存在较长时滞,导致在当期价格决定后期供给的决策机制下,出现供需由均衡到不均衡再到均衡的循环。

也正是由于上述的问题,导致了养殖户的盈利不稳定。而在国外,养殖户通过期货市场,可以将未来价格锁定,进而规避了价格波动带来的不确定性,同时政府的储备肉动态调节机制也在一定程度上保护了养殖户盈利的平稳,但这两个机制发挥作用的基础则是养殖户要以规模养殖户为主,而非散养户。

例如在美国,20 世纪 80 年代之前,是以小规模养殖为主,当时猪肉价格的波动性很大(正负 20% 之间)。80 年代之后,规模化养殖进程开始加快,再加上"公司＋农户"模式的推广,目前在美国生猪养殖行业,前 20 家养殖企业的市场占有率超过 70%,并且出现了涵盖饲料、养殖、深加工和销售的大型综合集团,相应在美国已经基本感觉不到猪肉价格的波动。

穿插这一段美国的小故事,笔者无非是想说,未来"二师兄肉贵"的问题是否还会重演呢？目前猪肉的平均价格在每公斤 23 元左右，已经持续四年多低于上一次的价格高点（2011 年 9 月猪肉的平均价格在每公斤 30 元左右）。这表明在经过十余年间的三次大波动之后，相当一部分散养户已经被淘汰出局，规模化养殖户占比不断提高，那么**此前存在的"蛛网理论"的实际影响已经相当弱化了**，所以即便是猪肉价格已经开始进入回升期，**"二师兄的肉"也很难比师傅的贵了**。

被留下的另一半任务

在前文中，笔者和大家聊的基本上都是发生在消费端的价事，接下来想和大家聊聊生产端的"价事"。自 20 世纪 80 年代我国启动改革开放至今，我们的价格改革只能说是完成了一半，而被留下的另一半任务竟然花了二十多年也没有完成，这其中必定有故事。

回顾中国价格机制的演变历程，基本可以用两个三十年来划分：

第一个三十年，是指 1949 年新中国成立开始到 1979 年期间的计划价格体制时期。在这一阶段，包括生产要素和产成品在内各类物品价格的确定权完全都掌控在政府手中（因为不是市场定价，所以笔者没有用"商品"一词），调控机制就是政府手中握有的"两把剪刀"：

第一把"剪刀"是"工农剪刀差"，即政府按相对偏低的垄断价格统一收购和销售农副产品，通过人为压低农业产品价格，来降低工业的原材料投入成本。实际上就是通过农业对工业的补贴，使得工业可以在"有利可图"的环境下快速发展。

第二把"剪刀"是"产消剪刀差"，即是通过降低城市居民的生活费用，间接降低工业的劳动投入成本，实现消费对生产的补贴。

可以说，**中国工业体系的初步建立所需要的原始积累，基本就是依靠这两把剪刀完成的**。

第二个三十年，则是从 1979 年开始至今的市场价格体制建立完善时期。这一阶段基本又可以按照每十年一个阶段来划分，1979—1991年基本属于改革计划价格体制时期，1992—2000年是初步建立市场价格体制时期，2001年至今则是市场价格体制完善时期。

期间最著名的故事莫过于"价格闯关"，1984年党的十二届三中全会《中共中央关于经济体制改革的决定》明确提出"价格体系的改革是整个经济体制改革成败的关键"，同年召开的中青年经济工作者讨论会（著名的"莫干山会议"）则出现有关价格改革的"调""放"两种思路之争（据华生的回忆，当时田源和周小川等人持以"调"为主的意见——通过不断校正价格体系，减少价格改革过程的震动，逐步逼近市场均衡价格；张维迎等人则持以"放"为主的意见——通过一步或分步放开价格控制，实行市场供求价格）。1985年两种思路最终被综合为"放调结合"思路，随即价格"双轨制"得以确立，但随后也带来了"倒爷套利"的乱象，而愈演愈烈的乱象直接推动了1988年决策层决定放开管制，取消物价双轨制，进行"物价闯关"。但此次闯关又最终在居民的抢购风潮之下（1988年物价涨幅快速攀升至20％以上）宣告"失败"，当年的8月30日，国务院召开常务会议下发了《关于做好当前物价工作和稳定市场的紧急通知》，明确"国务院有关部门管理的商品价格和收费标准，各地一律不得擅自提高。地方管理的商品价格和收费标准，也不得擅自提高"。

这里插播一个令笔者记忆深刻的事情，那个时候笔者正在上中学，喜欢听相声，记得当时姜昆有个叫《着急》的相声段子里面说，一个人一次就买了一洗澡盆醋、两水缸酱油、两抽屉味精……可见当时国人的抢购风有多严重。据统计，1988年仅7—9月居民存款就流失了300亿元，占到当时居民存款的1/10。

事后回头看，"闯关"失败的原因主要还是当时中国经济处于短缺经济阶段，在供给不足环境下，单边放开价格的管制，一旦居民对于物价将持续上涨的预期形成，抢购必然成风。所以到1992年，伴随中国经济"短缺"状态的结束，中国价格改革的"二次闯关"也就变得波澜不惊和水到渠成了

（1992 年党的十四届三中全会通过的《关于建立社会主义市场经济体制若干问题的决定》明确"推进价格改革，建立主要由市场形成价格的机制"），1992 年 CPI 涨幅仅为 3.4%。

笔者之所以啰嗦这么多，就是想告诉大家：价格改革并不是简简单单地把价格放开就行了，况且我们还有"抢购风潮"下恶性通胀的经历，甚至还引发了社会、经济、政治的波动。正是由此，才出现了笔者一开始所说的，从 1993 年算起至今的二十多年，中国的价格改革始终留下一半任务没有完成，这一半被遗留下的任务就是"水电油气"等资源品价格、医药价格以及资金价格（利率、汇率）仍处于管制或者半管制状态。目前在最新的《政府定价目录》中，仍然列有 16 大项超过百种的商品价格。

为什么留下的一半任务竟然在另一半任务完成后，花了二十年还没有完成？要知道即便是出现了"价格闯关"的失败，这一半任务也仅用了十年的时间就完成了。

因为对于一个经济体而言，包括"水电油气"等资源品在内的价格，实际上直接决定了经济运行的最低成本，所以事关国家经济运行的安全；同时这些资源品本身所处的行业还具有自然垄断的性质，所以改革起来还事关经济运行中的重大利益分配问题，加之这些行业还是宏观经济意图快速传导的重要抓手，因此该部分价格改革的复杂程度要远远超过"吃穿住行"等消费端的价格改革。

一般意义而言，价格改革的核心就是要理顺资源的扭曲配置，以及调整旧有利益分配，但由于生产和消费对于价格体系变化的反应快慢不一，所以在任何一项价格改革过程中，一定会有起伏。1988 年的"闯关失败"和1992 年的"水到渠成"均是例证，但无论怎样，最终都是为了生产端和消费端实现合宜的动态均衡。之后的事情就是，价格的变化一定就是经济运行中最为重要的表征，因为反映出来的一定是供求双方究竟是失衡还是均衡的真实状态，进而宏观调控才能有的放矢。

但是在剩下的这一半价格改革任务中，供给端的增长是有限，所以很可能出现"一改就涨、一放就乱"的局面。再进一步说，如果价格改革是建立在保护既有的垄断利益不受损的前提下推进的，那么这一半任务很可能和二十六年前的"价格闯关"一样，被物价上涨所打败。而从本届政府施政以来的举措，显然当政者是想在任期内完成这留下的一半任务。例如，仅2014年一年之内，国家发改委就放开24项商品和服务价格，下放1项定价权限，力度之大前所未有。而且国家发改委主任徐绍史还表示，2015年将再放开一批价格权限，下放一批定价权限，并且尽快修订政府定价目录。

对此笔者只想说，价格改革作为资源配置中最为重要的机制之一，实际上背后取决于我们要什么样的生产方式，因为什么样的生产方式就决定了什么样的生活方式，而经济矛盾又首先在生活方式上反映出来。如果不是从这个角度来看待价格改革，只是一味在"减法"理念下为了改革而改革，那这一半已被遗留了二十多年的任务，恐怕不会在一厢情愿下一蹴而就。

中国钱事

2008 年全球金融危机以来，中国曾经有过两次，让世界在一夜之间突然紧张：一次是 2015 年的股灾，而在此之前，就是 2013 年下半年的"钱荒"。2013 年 6 月 19 日交易所的隔夜回购利率和七天回购利率分别在一夜之间蹿升至 30％和 28％，换言之，假如你要找人借 10000 元的话，一天的利息就是 8 元，一周的利息就是 52 元，对此众多海外媒体惊呼"中国会发生金融危机吗？"而工商银行董事长姜建清当时说的一句话让笔者记忆犹新，他在接受路透社专访时说："我看这次不是'钱荒'，是'心慌'。"

　　要知道从 2005 年开始，中国人民银行就一直陷在怎么应对国内流动性过剩的难题中，随后由于全球金融危机的冲击，这方面的压力才有所缓解。但即便如此，目前中国商业银行的法定存款准备金率依然是全球最高水平,那究竟又是什么让我们心慌到钱荒呢？其背后又发生了什么故事？

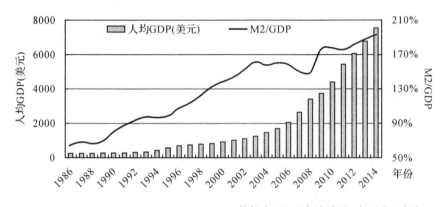

数据来源：国家统计局、中国人民银行

中国的货币化进程行至拐点

如果回顾1992年确立市场经济体制之后至今的历史,与中国工业化和城镇化进程明显加速相伴,还有一个重大变化就是中国货币化进程也在快速推进之中,至今该进程先后经历了商品吸纳、要素吸纳、资产吸纳三个阶段,但是2013年的"钱荒"和2015年的"股灾"却映射出,货币化进程中正在出现深刻的新变化和新矛盾。

未来,我们要经历一段相当长的新常态经济运行,这决定了未来中国货币化进程必将有所调整。例如还能否出现新的吸纳货币领域,尤其是中国人均GDP已接近8000美元,已进入中等收入偏上国家的行列,前期过度依靠要素投入的增长模式很难继续维系,那么如何在前期巨额存量货币产生的"不差钱"环境下,把中国的"钱事"办好,自然就成为"跨越中等收入陷阱"的一个重要内容。

"不差钱"的中国

2014年10月29日,美国结束了其在本次危机中的量化宽松政策,而且很可能在 2015 年开始加息，这意味着其货币政策已经开始回归危机前的状态。但此次危机还是在美国货币史上留下了浓重的一笔，从 2008 年 9 月份雷曼兄弟破产开始，美联储的资产规模已经由危机前的不足 1 万亿美元扩张至 4.5 万亿美元，在不到七年的时间里，其资产规模增长了 5 倍，这在美国货币史上是创纪录的。

与美国相比，中国则以自己独有的方式，创纪录地上演了一出"不差钱"的大剧。

危机爆发至今，中国人民银行资产规模从 17 万亿元增至 34 万亿元左右，虽然远低于美联储的扩张速度，但中国厉害的地方在于危机期间银行贷款的高速增长，七年来中国商业银行累计投放了 54 万亿元的贷款，同期中国的货币供给更是累计增加了 80 万亿元。换句话说，最近七年来中国货币的增长，已经超过了以往年份的总和。说到这儿，笔者不由地想起了 2009 年春晚一个叫"不差钱"的小品，如果单纯从上面的数据来看，当下中国真的是"不差钱"。

但若回顾历史，"危机下不差钱"的情况在中国并不是第一次出现，这在 1997 年金融危机期间就曾出现过：1995 年年底中国银行业的贷款余额在 5 万亿元左右，到 1999 年年底贷款余额已经超过 10 万亿元，放的贷款总量四年间翻了一番（中国人民银行统计数据显示，1999 年年底贷款余额 9.37 万亿元，但若将当年从四大国有银行一次性政策剥离的 1.4 万亿元不良贷款算上的话，实际贷款总量为 10.8 万亿元）。

从上述两次危机的情况来看，貌似"当外部爆发危机，就需要宽松的货币环境来为经济保驾护航"成了中国宏观调控的一条铁律。

真的是这样吗？

好了，讲到这了，终于可以将这个故事冗长的开场白暂停了。而在"中国钱事"的第一篇，笔者想讲的是，既然为了应对危机需要宏观调控引导不差钱的环境，那么反过来讲，经济正常运行时，钱是否就应该不异常得多呢？而如果观察 1978 年以来的历史数据，事实却告诉我们，其实中国一直就处在"不差钱"的状况下。

在 1993 年之前，中国经济处于产品供给不足的阶段，用经济学语言来说就是出现了"短缺经济状态"，即东西不够用。那个时候无论买什么东西，都需要排队，还需要有各种票证（例如，布票、粮票、肉票等）。为了解决这一矛盾（经济总量严重不足），**中国启动了市场化改革（1978 年启动，1993年正式确立市场机制），改革的直接后果就是包括生产品和消费品在内的商品领域率先进行市场化，相应用于商品交易的现金需求快速增长，因而一定超额货币的支撑就成了必需。** 所以 1978 年至 1993 年期间，M0（现金形态的货币供给）占 M2（广义货币供给）的比重平均在 18％左右，M0 平均增速为 26％，连年超过名义 GDP 的增速，超额增速平均为 9％。直到 1993年短缺经济状态的结束，以交易现金高速增长的不差钱局面才告一段落，M0 的增速开始快速回落。从 1994 年开始，M0 的增速基本上均低于名义GDP 的增速，M0 占 M2 的比重也回落至 8％左右。

但是中国不差钱的故事并没有结束，**1994 年分税制改革带来的地方政府财政收入结构变化，和同年启动的居民住房市场化改革，以及中国股票市场的建立等变化，推动中国进入到另一种不差钱状态。**

首先是 1994 年分税制改革，客观上减少了地方政府的税收收入，但同期启动的住房市场化改革又给地方政府打开了"以地换财"的收入之门（可参见"中国税事"）。据测算，土地出让成交收入与地方一般预算收入的比重在 1993 年为 15％左右，到 2012 年这一比重已经升至 70％以上，而不断进入交易市场的土地自然需要对应一定量的货币。

其次就是股票和房地产市场的不断扩容，这一过程一直延续到 2007年股指升至 6100 点，和 2011 年房价升至历史新高（2011 年百城住宅价格达到 8800 元/平方米），资产和资本市场的扩容也要求有一定量的货币来支撑。

最后是劳动力由农业领域向非农领域转移，也需要额外的货币供给予以补充。截至 2014 年年末，中国城镇就业人口为 3.9 亿，较 1993 年末净增加了 2.1 亿,同期城镇人口净增加了 4.2 亿,乡村人口净减少了 2.3 亿,相应 2014 年城镇化率较 1993 年的 28% 提高了 27%。

由此,**在市场化改革之下,进入市场的产品、生产要素(土地和劳动力)不断增多,以及金融资产增加,都需要一个"不差钱"的货币环境来支撑。**

再到了后来,中国出现了连年"双顺差"的局面,即通过出口商品、服务和招商引资将外部的钱引了进来,2005 年汇率改革之后,外部的套利资金也进来了(热钱),自此"不差钱"已经变成"流动性过剩",即中国经济运行中出现"钱太多"的问题。2005 年至 2008 年期间,中国人民银行最主要的工作就是对冲过多的钱。2008 年以后,这种对冲干预被反危机打断,中国进入第二次"危机下不差钱"状态。但与 20 世纪 90 年代亚洲金融危机时期不同,当时中国经济运行中本来就存在大量的非市场化领域,反危机下的不差钱,只不过是加快了这些领域的市场化步伐,即便如此,亚洲金融危机后依然留下了严重的后遗症。按照银监会公布的数据,2002 年国有大银行股改前夕,四大国有银行的不良贷款率均超过了 25%,由此国际上曾经一度认为中国国有银行已经"技术性破产"(2003 年标准普尔曾估算中国内地国有银行的不良率为 40%)。为了解决这一后遗症,才有了 2003 年启动的国有商业银行的改制,而且是"只准成功,不许失败"。

如今,由于没有能够吸纳超额货币的新领域,继续"不差钱"的操作,就会让钱由"蜜"变为"水",经济这块蛋糕就会越来越不好吃,怎么办?

"脱媒"下的"不差钱"

在过去很长的时间内,中国一直处于"不差钱"的状况,缘由是中国经济的市场化变革需要"不差钱"支持。背后的原因也很简单,就是让工农产成品、土地、劳动力这几块干海绵有水可吸,发生由非市场化到市场化的转变。

但是经过三十多年的发展,中国经济总量已经发生了天翻地覆的变化：按照 GDP 名义值计算，1978 年的 GDP 规模仅区区 3645.2 亿元，到了 2014 年 GDP 已增至近 64 万亿元，名义量增加了 170 多倍；若剔除通货膨胀因素，按照 1978 年的不变价格计算，2014 年实际 GDP 规模为 10.2 万亿元之多，实际量增加接近 30 倍。所以我们称自己是经济大国，是当之无愧的。

与之相应，中国广义的货币供给总量（M2）则接近 130 万亿元，狭义的货币供给总量（M1）也接近 34 万亿元，中国货币化程度正在快速接近 200%，即每对应着 1 元钱的经济产出，经济运行中就需要 2 元钱。放眼四海，超过这个水平的国家是屈指可数的，所以我们称自己是货币供给大国，一点也不为过。

上述两组数据，实际上已经简单地勾勒出过去多年来中国经济高速增长的大致模样——货币环境**宽松**下的经济**高速增长**，而如果观察过去的数据，可以发现这一"宽高"黄金组合还存在一个经验上的"4∶8"比例：即按照不变价格计算，中国实际 GDP 规模每八年翻一番；与之对应，广义货币供给总量（M2）则是大致每四年翻一番。如果这个经验数据规律有效的话，那么到党的十八大报告提出的"翻一番"目标的完成（笔者认为这一目标可能会提前三年左右就会完成，即 2017 年就能提前完成），届时实际 GDP 将到达 15 万亿元，名义 GDP 更是升至 80 万亿元的规模，相应 M2 余额则要达到近 190 万亿元，中国的货币化程度将达 240% 左右。可以简单地打个比方，**那个时候的货币量，就相当于平均每个人身上有超过 1 万元的信用额（债务）**。真的到了那个境况的话，我们就可以称自己为债务巨国了。

未来究竟会怎样，谁也不知道，但有一点毋庸置疑，宏观当局作为最能够干预经济运行的一方，它的行为将很大程度上影响经济的实际轨迹。因此，让我们看看宏观层中管货币的机构——中国人民银行是怎么说的。

首先，中国货币化程度是否属于全球较高水平？中国人民银行在 2013 年第一季度《货币政策执行报告》中曾开专篇予以说明："各经济体货币多与寡，与其融资结构、储蓄水平等有很大关系，需要对此作客观、科学的认识",并且通过对 18 个经济体的考察得出"以银行融资为主、储蓄率高的经济体,其货币总量就会相对多一些"的结论,中国无疑具备这两个条件。

其次,中国人民银行还明确了一个展望,即"随着经济结构逐步调整转型,银行融资占比下降,融资渠道更加多元,居民资产组合的选择会更加丰富,同时随着消费占比上升,储蓄率也会降低,这些因素都会使货币增长速度逐步放缓,货币供给余额/GDP 也不会持续上升,并有可能逐步降低下来"。

之所以把中国人民银行的这个表态引述这么多,着实是因为这里面有几个非看不可的点:

看点一,中国的银行信用占比高,意味着向银行借钱的人多。为什么借钱?一般意义而言,就是因为借钱有利可图。

看点二,中国居民的储蓄多,意味着存钱的人多。为什么存钱?要么图有利息可赚,要么就是以备不时之需。

看点三,未来向银行借钱的人会少,因为可以通过其他渠道借到钱。

看点四,未来向银行存钱的人会少,因为要增加消费,也要增加存款外的其他金融资产。

综合这四点看,作为一国货币的控制者,中国人民银行认为**未来中国经济将逐渐由"两多"走向"两少",这就是所谓的"金融脱媒",即借助银行体系传统的存贷中介通道发生的货币使用权转移的行为会减少,但这一变化并不意味着信用总量的减少。**

实际上,近些年中国的实际情况已经反映出了这一变化,这里只举两个数据:

一是,按照中国人民银行公布的社会融资口径估算,截至 2014 年年底,非信贷类融资余额约 38 万亿元(即除了人民币贷款和外币贷款之外的其他融资),较 2009 年年末 10 万亿元的余额增加了 28 万亿元,而在 2001 年年底的时候,这类融资的余额仅有 1.3 万亿元。这一组数据显示,"金融脱媒"下的信用十余年增长了近 30 倍。相应的,中国商业银行的资产规模由 2001 年年末的 21 万亿元升至目前的 172 万亿元，增长了 8 倍，虽然增速惊人，但还是远远低于"金融脱媒"的速度。

二是，按照银监会的统计，截至 2014 年年末，银行理财余额已经超过 15 万亿元，而在 2009 年银行理财还不足 1 万亿元，五年间增长了 15 倍。如果说在 2005 年至 2007 年那一轮 A 股大牛市的时候，曾出现"全民炒股"，那么随后就是"全民理财"。

由此可以说，虽然发生在传统意义上借贷环节的货币相对慢了下来，但在"金融脱媒"下的货币却快了起来，这就意味着中国已经进入"金融脱媒"下的"不差钱"阶段。

笔者曾在前面提出一个问题：如果没有能够吸纳超额货币的新领域，就会让钱由"蜜"变为"水"，怎么办？

而中国的实际则告诉我们，金融真是一个魔术师，它竟然又变出来一块巨大的"干海绵"，现在不仅是银行才能做"钱的生意"，包括居民、实体企业在内的各类微观经济体都在做"钱的生意"，仿佛一夜之间，国人都学会了"钱能生钱"的炼金术。

故事讲到这儿，一个被西方国家诟病的词，马上在笔者的脑海中跳了出来——"庞氏骗局"。用咱们的话讲，就是"拆东墙补西墙"。当一个社会中每个人都在做同样的事情、都想做同样的事情，无论这个事情多么渺小，在"羊群效应"（从众效应）的放大下，事情变化形态往往像潮水涨落——同涨同落，因此其产生的冲击力必然是巨大的。所以与其他海绵相比，"金融"这块海绵更善变，也更有吸引力。过去都认为：货币作为总量控制的手段，更像是一根绳子，当经济热的时候需要拉一拉，但经济冷的时候，绳子太软，无法发力；而现在呢，货币几乎已经变成了魔术棒，时而是安全带，时而是千斤顶。

"不差钱"的环境下,钱为什么反而更贵了?

在前两篇中,笔者主要讲了中国"不差钱"的两个桥段:一是工农产成品、生产要素不断市场化下,决策层对于"不差钱"金融环境的有意为之;二则是金融深化和"脱媒"加速下"不差钱"的自我循环。

按照经济学一般性原理,什么东西多了,那么这个东西的价格就会便宜。对钱而言,道理也是如此,钱多了,钱的价格应该也会便宜。用马克思的话讲,货币是充当一般等价物的特殊商品。用经济学专业术语讲,货币供给多了,利率就应该下降,而且欧美国家的实际情况也验证了这个道理。

例如,为了应对危机,从 2008 年开始,经过几轮的量化宽松政策之后,美联储的资产规模相应扩张了近 5 倍之多。截至 2015 年 5 月,美联储的资产总额已增至 4.5 万亿美元左右,相应的美国的联邦基金利率则降至 0.1% 左右,已经是名副其实的零利率国家。欧洲央行的资产总额也升至 2.4 万亿欧元左右,较危机前增加了 1.5 倍以上(欧洲央行的资产总额曾于 2012 年 6 月份一度达到 3 万亿欧元的规模,是危机前的 2 倍),而欧洲银行间的隔夜同业拆借利率(EURIBOR)则降至负利率水平。再来看日本,情况更是如此,目前日本央行的资产总额已经升至 334 万亿日元,较危机前增长了 3 倍多,而且日本的隔夜拆借利率更是在零附近徘徊了数年之久。**可见,在发达国家,钱多价低的原理是适用的。**

但上述经济学原理在中国却没有体现出来,反而在 2013 年还先后两次出现"钱荒"的局面。

第一次发生在 2013 年 6 月份。同样以银行间同业拆借利率为例,2013 年上半年,隔夜 SHIBOR(Shanghai Interbank Offered Rate,上海银行间同业拆放利率)均值在 2.5% 左右,而且利率呈现下降走势;但是进入 6 月份以后,在不到两周的时间,利率就已经飙升至 12%,这是自 2006 年 10 月份中国人民银行开始公布 SHIBOR 以来,该利率的最高水平,而当时的实际情况是,即便利率这么高,各金融机构也不愿意向外融出资金。由此,海外媒体惊呼中国出现了"钱荒",而国内市场则形象地称"央妈(中国人民银行)不放钱了"。直到 6 月 23 日、25 日,中国人民银行向市场连发两份公告,同时紧急向部分资金紧张的机构累计融出 4160 亿元资金,"钱荒"的局面才得以改观。

第二次发生于 2013 年 10 月下旬至该年年底。这一次是从短期国债利率的上升开始,一年期国债的利率从 3.5% 附近开始一路上行,到年底已经超过 4.2%,是 2002 年以来的最高水平,在此带动下中国十年期国债利率也接近了 4.5% 的水平,是 2005 年以来的高点,而且包括政策银行金融债、非金融机构各类融资工具的利率也纷纷创出新高。**按照常理,国债作为无风险的债券,触发其利率大幅飙升的因素大体可以分为几类:一是该国可能出现违约风险;二是该国的通胀水平出现快速上升;三是该国的货币政策出台较为严厉的紧缩措施;四是资金面出现过度的紧张。显然这几个因素均不能解释这一轮国债利率的飙升,那么只剩下一个因素,就是市场预期发生了变化,市场参与者的心态变得谨慎,导致其投融资的行为发生了变化。**

除了银行间市场的这一异常变化之外,实际上金融机构间的资金紧张已传导到实体经济层面。例如,在 2013 年年底,评级为 AA 的非金融企业一年期短期融资券的利率超过了 7%,评级为 A 的非金融企业一年期短期融资券的利率更是超过 10%,均明显高出当时一年期贷款基准利率水平(6%)。而就在 2013 年第一季度末,这两类企业一年期的发债利率仅分别为 4.1% 和 7.1%,在短短的九个月的时间内,企业的融资利率就上升了近300 个基点,言外之意就是企业每多融资 1 万元,需要多支付近 300 元的利息。而对于当前盈利环境普遍不佳的实体经济而言,面对如此高昂的融资成本,其选择就是不到十万火急是不会再融资的。当时有媒体报道称,仅2013 年 11 月份,企业或推迟或取消发债的规模累计已经超过了 700 亿元。

由此是否可以得出这样的结论:虽然与经济增速相比,中国长期处于

"不差钱"的状态,例如,历年中国广义货币供给(M2)的增速大体均要超出名义 GDP 增速 4%~5%,但从目前市场利率的水平(钱的价格)而言,中国好像还是钱不够用。

如何解释这一悖论呢?

首先,要从 2010 年中外货币政策的变化谈起。本次危机以来(以 2007 年 3 月份,美国第二大次级抵押贷款企业——新世纪金融公司宣布破产开始),为了防止本次危机可能将全球经济拖入像 20 世纪 30 年代那样的"大萧条",各国央行出现了史无前例的同向联手干预。但到了 2010 年,情况发生了变化,当年中国人民银行曾 7 次上调法定存款准备金率、2 次加息,而且还恢复了停滞两年之久的人民币汇改进程,中国人民银行的货币政策基调也是从那时开始由适度宽松转向了稳健,自此中国和外部主要经济体在货币政策上分道扬镳。显而易见,中国人民银行对于金融深化和脱媒加速下的"不差钱"状况,已经开始有意地收敛。中国人民银行此变,又是出于何种意图呢? 用周小川在 2013 年年底接受采访时的话讲,"在正常阶段,希望金融机构为全社会提供更好的金融服务",而且他还特别强调了**"金融业主要是为实体经济服务,不要搞自我发财之类的东西"**。从周小川的话语中就引出另外一个话题,即当前被热议的以影子银行为代表的非传统类融资。

先看几个数据。

中国人民银行在 2010 年开始公布社会融资总量的数据,并且将该数据作为与货币政策最终目标关联性更显著的中间目标,大有取代包括 M0、M1 和 M2 在内各类货币供给指标之意,而且与货币供给不同,社会融资总量指标的好处就在于可以从货币需求的口径来观察货币环境的情况。

由此,笔者按照中国人民银行社会融资总量口径,大致对全社会中实体经济和居民的融资总量进行了匡算。截至 2013 年年底,实体经济和居民的融资余额在 107 万亿元左右,其中 8 成左右是信贷、债券和股票的传统融资,而剩余的两成则是以影子银行为代表的其他融资,而就在危机前,这一类融资的比重还不到一成；同时从 2008 年至 2013 年年底，实体经济和居民的融资总量增加了 2.8 倍，而相应不属于信贷、债券和股票之外的融资则增长接近 6 倍。

之所以摆这些枯燥的数据，笔者只想说一个东西，**本次危机给中国带来的一个较为深刻的变化就是，中国的金融货币环境已经变了，而且变更复杂了，在这个变化中，民众对于钱的看法也变了，"钱能够快速地变出更多的钱了"**。这个变化对于微观民众来说，肯定是个好事，因为可以通过金融来增加自身的财富。但是对于整体经济来说，一个健康的经济运行，需要的是各行各业协调并进，如果说仅仅是金融行业的一枝独秀，那么经济内部一定会出问题，这也就是周小川作为中国货币闸门操盘手强调的"金融业主要是为实体经济服务，不要搞自我发财之类的东西"的含义。

而 2013 年下半年之后，在"不差钱"状态下，中国的"钱"反而贵了，则说明对于经济整体运行的大部队而言，金融显然是跑得太快了，而且它的这个"快"某种程度上是在透支其他队员的体力，显然这是不对的。

出来混，迟早都要还

虽然 2013 年 6 月份以来中国经济屡次被"钱荒"侵袭，而一直以来的"不差钱"状态并没有出现本质性的逆转。例如，2013 年全国"两会"通过的《政府工作报告》将当年广义货币供给（M2）的增速目标定在 13% 以内，而实际情况却是中国人民银行使出吃奶的力气也才把 M2 的增速由年初的 15.9% 降低至 13.6%，同时在债市打黑、理财规范、治理非标等一连串的严政之下，当年社会融资规模依然达到 17.3 万亿元，是 2002 年有统计数据以来的最高水平。

但自 2013 年下半年开始，"钱"却开始变贵了，相应钱的生意不好做了——

第一组数据：2013 年 6 月初，一个月、三个月、六个月和一年的银行理

财平均利率分别为 4％、4.3％、4.5％和 4.8％,而半年之后,这 4 个利率均
升至 6％左右,在半年的时间内各期限的理财利率提高了 1～2 个百分点。
目前这四个利率分别为 5％、5.2％、5.3％和 5.3％,依然要超出 2013 年 6
月份以前的水平。

第二个数据:商业银行不良率在 2013 年重新回到 1％的上方,并且呈
现不断上升的态势,至目前,商业银行不良率已经升至 1.4％,不良贷款余
额也接近 1 万亿元,较 2012 年年底已经翻了一番。

这两组数据说明,在"不差钱"的环境下,资金成本在快速上升,而同时
银行的不良率也呈抬头之势,说明现在对于做"钱"生意的金融机构而言,
生意越来越不好做了。

而在金融全局的微变之中,已有金融局部正在经历"纸包不住火"的考验。

2013 年有一则新闻引起了笔者的格外关注,按照温州银监分局公布的
数据,截至 2013 年 10 月末,温州银行业不良贷款额达 311.3 亿元,不良贷
款率为 4.31％,较年初提升了 0.57％;关注类贷款 338.9 亿元,比例为
4.7％,较年初提升了 1.05％;另外,2012 年前 10 个月,该市累计处置不良
贷款 196.7 亿元。温州银监分局认为,不良率的反弹主因是投入不足所
致。截至 2013 年 10 月底,温州贷款余额 7215 亿元,较年初新增不到 200
亿元,而不良贷款余额则较年初新增 50 亿元。由此,不良率的上升主要是
由于贷款增长慢所致(分母增速不及分子增速)。

而如果将上述数据简单处理一下,截至 2013 年 10 月底,温州银行业不
良贷款和关注类贷款合计占比 9％,较年初提高了 1.63 个百分点;而如果
把当年处置的不良考虑进来,实际上温州有问题的贷款比重高达 11.73％;
如果再进一步把温州银行业通过上划方式转移的不良考虑进来(即银行将
温州地区的坏账上挂到上级部门,乃至总行),那么可以毫不夸张地说温州
银行业的不良率肯定已经超过 12％。

笔者用"最坏打算"逻辑进行了一番推演,目前中国金融机构各项贷款
余额近 90 万亿元,按照温州问题贷款的 12％比重测算,潜在的问题贷款约

11万亿元；而如果按照社会融资总量口径计算，目前非金融部门、居民和地方政府的总债务约有148万亿元左右，如果同样按照12％的比重来测算，潜在问题债务规模则接近18万亿元。虽然目前银行有2万亿元贷款损失准备金可以缓冲，但还是有16万亿元的资金缺口，而且这一缺口已远远超出了目前12万亿元商业银行总资本净额。

可见，**在短短的几年时间里，中国金融行业已经由前期享受资金盛宴快感，变为今日"钱贵，生意难做"的苦境。正应了那句话："出来混，迟早都要还的。"**

当然，上述的推演，只是笔者"以管窥豹"的演绎，中国金融还远没有到"最坏打算"的境地，但中国还有一个成语是"一叶知秋"，而以温州为例的局部问题，则显露出这些年中国持续"不差钱"的水面下，那座巨大冰山的一角。让我们再回到那个问题："如今，由于没有能够吸纳超额货币的新领域，继续'不差钱'的操作，就会让钱由'蜜'变为了'水'，怎么办？"

现在笔者可以回答这个问题，答案就是："凉拌。"李克强总理履新以来一直强调"盘活存量，用好增量"的调控菜单，而且他还以"不出台刺激措施"的明确表态告诉市场，今后也没有资金的"满汉全席"吃了。因此，对于已经习惯"蜜水"的市场，今后恐怕只有吃装在"上下限"盘子里凉菜的份了。

无独有偶的是，作为任职时间最长的两位美联储主席之一的威廉·马丁（另一位是格林斯潘，两人均任职美联储主席十七年之久），曾有一句著名的警示——"在宴会刚开始时撤掉大酒杯"。但是对于当下的中国而言，"凉拌"更像是对"海天盛宴"过后狼藉的善后。因为，仅以目前存贷款数据来计算，商业银行每年需要给储户支付约近5万亿元的利息，如果再加上银行自身还需要向股东交成绩单（银监会公布2014年商业银行实现1.5万亿元的利润），那么银行仅仅从贷款方面就需要收取近7万亿元的利息，中国一年GDP也就在70万亿元上下的水平。言外之意，对于微观经济主体而言，有1/10的产出将用于应付存量融资的成本。

因此，一旦"不差钱"的环境发生大逆转，仅利息支出一项就够各行业喝一壶的，所以才有了"盘活"和"用好"的折中思路，即"有菜吃，但也吃不饱"，笔者视之为"凉拌"。但在"凉拌"的局面下，可想而知的是，那些已经在"盛宴"中打着饱嗝的主儿，一旦有机会，恐怕会是连菜带盘子一并打包了。

"中国钱事"说到这儿，似乎可以告一段落了。中国的"不差钱"，历来有之，原来是市场化的需要，包括工农产成品和各生产要素进入到以供求为主导的市场中，需要一部分额外的资金进行填补，后来演变为中国市场的对外开放，需要一部分额外资金来对接外部经济体的介入。不管怎样，在这两个阶段中，"做钱生意"的虚拟部门并没有完全和实体经济脱离，所以在"不差钱"的环境下，你挣你的，我挣我的，大家相处得还算和谐。

而如今"钱"似乎变了味道，多了不行，少了也不行，有一样没有变，就是挣快钱的、挣独一份的越来越多，未来会怎样，笔者不知道，但已经感到了从纸里透出火苗的温度。又是一个"怎么办"，恐怕还是要追踪溯源，看一看钱究竟是个什么东西，这里比照马克思的一句经典名言"金银天然不是货币，但货币天然是金银"，笔者补一个下联"信用天然不是货币，但货币天然就是信用"，怎么解？留待随后的"中国债事"里详表。

事外话："钱荒"的因果

本文于 2013 年 7 月刊发于路透中文网。其写作背景主要是，2013 年 6 月份开始，中国金融市场的资金价格出现异常的变化，金融机构之间互相拆借资金的价格快速飙升，甚至一度出现了"有价无市"的局面，以至于国内外都用"钱荒"来形容这一变化，并由此带来热烈的争论。本文就其中的三个问题进行分析。这三个问题是：

1. 有金融人士说主要是心慌导致的钱荒。试问无缘无故的，怎么就心慌了？

　　2.造成钱荒的原因，有人提出是季节性和临时性因素所致。既然是季节性的，也就是说往年也存在，可为什么2013年就出现如此大的变化，还有，临时性因素怎么就影响了市场参与者的长期预期呢？

　　3.还有一种说法认为钱荒是由于金融机构搞出了一个"期限错配"，即通过短期负债和长期资产进行套利，但是实际上金融机构赚的就是这个"错配"的钱。可为什么2013年就出了问题？

　　有关2013年6月份中国货币市场波动的分析，市场已有很多真知灼见，包括补缴法定准备金、外汇市场变化、端午节假期现金需求、企业所得税集中清缴、银行资产扩张偏快和同业业务期限错配。前四个因素可归纳为季节性因素，后两个则为非季节性因素。

　　季节性因素无须赘言，但对非季节性因素对货币市场资金价格的影响机理，则还需要进一步理清。因为，非季节性因素不仅对于当前货币市场有影响，而且对于未来市场的走势影响更为深远。

　　同时针对2013年6月份货币市场的波动，笔者认为有三个问题也需要进一步解释清楚：问题一：6月份的银行间的流动性风波非"钱荒"而是"心慌"，试问无缘无故的，怎么就"心慌"了？问题二：在此次风波的因素中，除了外汇管理局对于外汇存贷比的相关规定是新的，其他的因素应该往年都有，怎么2013年就顶不住了？问题三：关于"期限错配"这一条，银行一直挣的就是这个"错配"的钱，怎么2013年就有问题了？

　　也正是由于这三个问题产生的疑惑，也有了如下的中国人民银行、商业银行、货币市场之变化的思考。

　　首先谈谈中国人民银行的变化。市场对于中国人民银行此次流动性调控思路的变化，至今仍存在争议，争议的焦点集中在出于维护金融稳定的目标,中国人民银行是否应该继续采取注入流动性的方式来平抑资金价格的波动。也的确是有不少人士指出中国人民银行的政策预期的模糊是导致市场恐慌情绪加重的一个重要原因。

该如何理解中国人民银行的意图呢?其实央行早已发出了预警,但显然是被市场忽视了。

中国人民银行在 2013 年 5 月 9 日公布的《2013 年一季度货币政策报告》中指出:"受外部形势不稳及资本流动多变等因素影响,近年来银行体系短期流动性供求的波动性有所加大,尤其是当多个因素相互叠加或市场预期发生变化时,有可能出现市场短期资金供求缺口难以通过货币市场融资及时解决的情形,不仅加大了金融机构流动性管理难度,而且不利于中央银行进行流动性总量调节。"

同时还表示:"2013 年第一季度,中国人民银行及时公布了 2013 年度公开市场短期流动性调节工具参与机构名单,根据银行体系流动性供求情况开展了常备借贷便利操作,取得了较好的操作效果。"由此可见,自 2013 年第一季度,中国人民银行已开始调整了流动性管理的思路。

至于说为什么 2013 年 6 月 25 日中国人民银行的态度有所微调,期间他究竟还受到了哪些外部压力,不得而知,但是周小川在 2012 年出版的《国际金融危机:观察、分析与应对》一书中曾有过这样的论述:"宏观调控的确存在一些不到位的情况……在过去,货币政策曾受到股市的较大牵制。特别是当货币政策需要收紧时常因顾忌股市下跌而受到牵制。"所以 2013 年 6 月 25 日 A 股大跌的当晚,中国人民银行在《合理调节流动性 维护货币市场稳定》公告中表示:"已向一些符合宏观审慎要求的金融机构提供了流动性支持,一些自身流动性充足的银行也开始发挥稳定器作用向市场融出资金,货币市场利率已回稳。"

2013 年 7 月 3 日的《金融时报》报道称,"人行营业管理部借鉴国际前沿计量方法,基于日度数据,探索编制了我国的实时金融状况指数(Financial Conditions Index,以下简称 FCI)。研究显示,当前 FCI 虽较一季度末有所回落，但仍处于适度水平，金融体系内的流动性总量并不短缺，货币市场资金紧张主要是受短期时点因素影响"。

既然资金在总量上表现为不短缺，那么为什么往年也同样存在的季节性、临时性因素，在2013年却让货币市场感到如此不适呢？按照逻辑上的推演，一定是来自总量因素之外的变化，而这种变化也一定是中国人民银行不愿意继续用惯例的手段来平抑市场波动。例如，商业银行资产扩张过快和部分业务的期限错配，中国人民银行不愿意看到。

其次再来谈谈商业银行的变化。本次危机以来，与其他经济体不同，中国商业银行体系呈现出逆周期的扩张，以中、美金融体系比较为例，即从中国人民银行、中国商业银行、美联储、美国商业银行四张资产负债表的变化来看：

第一，在总体资产的扩张速度上，近两年来大体呈现出"美联储＞中国商业银行＞中国人民银行＞美国商业银行"的格局。以2005年年底资产余额为基数（＝1），截至2013年5月底，美联储、中国商业银行、中国人民银行和美国商业银行的资产余额分别为4、3.8、3和1.5。

第二，中美商业银行资产负债结构的变化也存在明显差异，美国商业银行的现金占总资产的比重由2009年的不到4％，升至目前16％左右；存款占总负债的比重由2009年的60％，升至目前80％左右。而中国存款占总负债的比重则是降至65％，同业负债比重升至13％，相应同业资产占总资产的比重升至16％。

可见，同样是应对危机，与美国更多的是依靠美联储资产负债表政策不同，中国则是中国人民银行和商业银行资产负债表工具政策同时被采用；不仅如此，在反危机过程中，中国的金融脱媒也在快速推进，截至2013年5月末，社会融资总量的十二个月滚动规模为18.9万亿元，高出新增信贷十二个月滚动规模约9万亿元，显示当前有近50％的融资需求来自非信贷类融资渠道。同时从社会融资结构变化来看，截至2013年5月末，本外币信贷融资比重为70％，股票和债券融资比重为11％，其他类融资比重为

19％,而 2008 年年底,这三类融资的比重分别为 82％、8％和 10％,可见中国金融脱媒进程与其他类融资快速上升并行,而从某种意义上讲,其他类融资属于广义上的影子银行范畴。

因此,此次危机爆发以来,中国出现了与众不同的金融发展路径——金融脱媒进程和商业银行资产扩张"双快",这是中国商业银行的第一变。

中国商业银行第二变在其资产负债结构上,尤其是近两年以来同业业务快速增长。截至 2013 年 5 月末,商业银行的同业资产占总资产的比重为 15.36％,较 2008 年年底提升了 8％;同业负债占总负债的比重为 12.39％,较 2008 年年底增加了 3％。而从商业银行同业业务(资产和负债)的增速变化来看,实际上自 2011 年下半年,同业业务 30％～40％的增速明显快于商业银行总资产负债 20％的扩张速度。

商业银行同业业务除了在总量上的快速增长之外,各类商业银行的同业业务发展也呈现不同格局。按照 16 家上市银行 2012 年年报公布的日均资产和负债数据计算,截至 2012 年年末,兴业、民生、华夏、南京、光大、浦发等股份制银行的同业资产日均余额占生息资产的比重均超过了 20％,相应工、农、中、建四大国有商业银行的比重则在 10％以内。

在 16 家上市银行中,仅有农行和建行的同业负债日均余额占计息负债的比重在 10％以内,而超过 25％的银行已经由 2011 年的 2 家上升至 6 家。

但是不可否认的是,本来作为流动性管理手段的同业业务,如今已经成为商业银行盈利的手段。不同商业银行,或是直接操作,或是为提高自身理财产品收益率的竞争力的目的,间接为同业提供资金;而资金流向,则是进入因政策调控而变得资金稀缺的需求方(例如融资平台、房地产等)一边,该种局面则是中国人民银行不愿意见到的。

第三,再谈谈货币市场的变化。笔者认为,造成 6 月份货币市场波动的主要原因是:中国金融脱媒与商业银行资产逆周期扩张并行;同业业务在商业银行资产负债中比重的上升;国有商业银行与股份制银行同业业务的不同格局。

具体的逻辑链条为:在金融快速脱媒的大背景下,商业银行逆周期扩张资产(因为有利润增长的目标要求),但又受到信贷政策和监管政策的制约,加之2009年实施4万亿元经济刺激计划的结束,收益率相对较高的信贷业务增长受到一定限制,尤其是平台类贷款和房地产贷款更是被严格限制,相应商业银行非信贷类资产配置比重上升。

另一方面,以银行理财产品为主金融产品的发展,导致居民银行存款波动性加大,而伴随同业间竞争加剧,商业银行对存款的内部考核要求相应提高。因此,相对灵活的同业负债就成为商业银行应对头寸变化的主动负债管理手段之一,其中又以股份制银行和城商行最为明显。2013年前六个月银行间质押式回购交易者结构分布中,城商行和农村银行的比重合计占到了43%。

从隔夜回购利率的走势及波动率的变化看,伴随商业银行同业业务的发展,货币市场的波动率也明显提高,意味着市场处于不正常的状态。以隔夜回购利率的十天波动率为例,2000年至今,波动率的均值在0.16左右,从2011年开始,波动率不断走高,到了今年6月份已经升至1.8,此前波动率大幅升高仅在2007—2008年间出现过(曾升至1.4左右),而当时主要是受股票市场的影响("打新股"导致资金被短期锁定);而从回购业务的交易量占比来看,也呈现同样趋势,回购业务的交易量占比由2011年年初的55%升至2013年6月份的90%以上。

美国的经验显示,在金融脱媒快速发展的初期,美国货币市场资金价格曾出现过一段时期的上升,同时资金价格的波动性也明显地增大。美国的金融脱媒始于20世纪70年代,但在20世纪80年代中期才真正进入快速发展阶段,主要表现为资产抵押证券的规模和市场占比快速上升。直到1995年左右告一段落,包括MBS、ABS等在内的资产证券化金融产品的市场占比由1985年的不足10%,升至1995年的25%左右,而在1986年当年美国一个月LIBOR(伦敦同业拆借利率)的十天波动率曾几次升至2附近,远远高于 1986 年至 1995 年期间 0.8 的均值水平。

综上所述，正是中国人民银行调控意图的变化、商业银行自身的变化以及金融脱媒快速推进市场的变化，共同筑成了 6 月份货币市场的异常波动，也才能解释为什么以往的一些临时性、季节性因素竟成为压垮 2013 年市场的最后一根稻草，甚至可以说这一次货币市场流动性风波实际上早在两年前就埋下了种子，如果进一步追述，那么两年前的这枚种子则是四年前经济刺激计划后的一颗果实。

而如果上述的分析成立的话，那么商业银行这种资产负债表的变化趋势不发生方向性变化，同时中国人民银行不再采取投放流动性来对冲因临时性、季节性因素造成的资金价格波动，未来货币市场还将有可能面临稻草的压力。

"欲知过去因者，见其现在果；欲知未来果者，见其现在因。"

中国债事

近年来,中国的债务问题始终被众多国际投资机构、国际评级机构"惦记"着,每隔一年半载就要拿出来说一说,甚至有的研究还预判中国可能因此而爆发金融危机。之所以这些海外机构如此担忧中国的债务问题,一个直接原因就是这些年我们的债务增长速度确实太快了。截至 2014 年年底,不包括金融行业的中国整体债务余额已经超过当年 GDP 的 2 倍,较危机前提高了近 70%。而进入 2013 年以来,有关银行不良债务、地方政府债务负担过重、民营企业主逃债跑路等新闻也越来越多。尤其是 2015 年 4 月 21 日中国保定天威集团有限公司公告称,由于发生巨额亏损,其无法按期兑付 2011 年度第二期中期票据 8550 万元的本年利息,要知道它的股东是中国兵器装备集团公司,一家有军工背景的中央级企业出现实质性违约,确实表明中国的债务已经成为问题，而且是大问题。

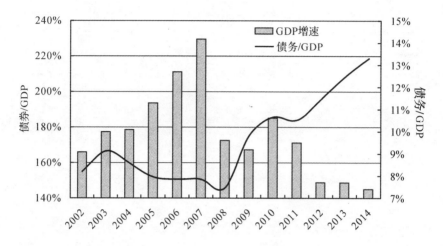

数据来源：国家统计局，中国人民银行

中国的"Double-D"之路

　　笔者在2013年1月份给英国《金融时报》写的《中国经济进入"Double-D"运行期》评论文章曾经做过这样的判断："未来中国经济中期调整将沿着'Double-D'的路径：第一个'D'是指前期城镇化和全球化对经济增长贡献的趋弱，导致经济的降速，即Decelerate；第二个'D'是指经济结构调整对政府支出的刚性要求和政府对其经济福利占有的让渡共同作用下的政府债务的增加，即Debt。而在'Double-D'的格局下，如果结构调整步伐能够尽快适应经济运行的内在要求，那么中国经济在经历调整后必将实现更好的发展，即Developing；但如果在经济加速和债务增加的过程中，结构调整未能如期实现，那么未来经济出现Down的风险就会累积。"

　　时至今日，似乎三年前笔者的判断正在应验，虽然目前尚没有充足的证据支持海外机构有关中国爆发债务危机的判断，但未来中国究竟会选择怎样的一条债路，确实需要我们深思。

中国债务的三个比例关系

几乎自人类有历史以来,"欠债还钱"就一直是人们社会生活中一条最基本的道德标准和经济契约原则。但从历次金融危机和反危机的历史中,我们却发现,危急时刻,反而是欠债的一方会站到反危机的制高点,就像美国那句谚语所说:**"如果你欠银行十万元,那么你的财产归银行;如果你欠银行一个亿,那么银行归你所有。"**君不见 2008 年 9 月份雷曼兄弟破产之后,美国政府就开始对 AIG 等大型金融机构施以援手,并且还主导了史无前例的全球主要央行的联手救助,由此,在"大而不倒"的逆向选择下,债务人又一次站上了反危机的制高点。但是伴随全球经济危机状态的逐渐扭转,有关各国债务快速增长不可持续的担忧相应上升,并且已经成为危机后新的不确定和不稳定因素,相应债务问题上升成为各国的主要问题之一。例如,美国主权信用评级在 2011 年被下调两年后,2013 年 10 月份美国联邦政府还是被迫临时性关门两周;欧债危机至今困扰着欧元区;2013 年中国国家审计署动用了近 6 万人对全国政府性债务情况进行了全面审计,并且首次对全国政府性的显性债务(政府有直接偿还责任的债务)和或有债务(政府有间接偿还责任的债务)规模进行了披露。

大家是否还记得,笔者在"中国钱事"一章曾留下一个话尾:如今"钱"似乎变了味道,多了不行,少了也不行,有一样没有变,就是挣快钱的、挣独一份的越来越多,未来会怎样呢?"钱"究竟是什么?笔者当时点了一句话:**"信用天然不是货币,但货币天然就是信用。"**

在这里,笔者可以先简要回答这一问题:**在现代市场化经济运行体系中,各国货币已都是信用货币,即货币是一种标准化的信用契约。各国中央银行作为货币的发行方,通过其资产负债表的变化将金融体系和非金融系体联通起来,让货币在整个经济生活当中充当信用循环媒介,进一步推动以虚拟为主的金融体系和以实体为主的非金融体系的信用扩张和循环。**

在这个信用体系中,每个单一经济个体可以根据自己的偏好,选择作为债权人提供信用,也可以选择作为债务人使用信用,而整个体系得以良性循环的重要保证就是,大家都接受"欠债还钱"的基本经济约定。

但在特定环境下(就像当下),各国央行可以主动地增加整体经济体系中的信用——印钞(基础货币供给增多),随后再通过金融体系进一步将信用放大。用官方的话讲,就是要实施逆周期调控,即政府通过手中的宏观政策工具,尽可能地平抑经济周期的波动,实现经济运行的稳定和居民收入的增长。这样做的后果就是,对应增长相对不快的实体经济而言,整个经济体系的货币供给快速增长,债务也快速积累。因为在这个时候,有一个隐含的假设,即大家都相信暂时的信用扩张,会带来更丰厚的信用回报。而一旦这种假设被质疑,那么循环就会转为信用急速地收缩,搞不好的话,甚至会出现信用违约事件,即事先经双方默认的信用契约被单方面撕毁——"欠债不还了",而这一变化涉及范围的大小,实际上就决定了这个经济循环的好坏和修复的难易程度。

笔者啰嗦这么多,就是因为我们当下正处在这个循环的转换期,走好了,守规的人获益;走不好,守规的人吃亏。而大家都知道,一旦大部分守规的人吃亏,对于一个经济循环而言就是大危机。

好了,故事说到这儿,可以说一说我们自己的例子了。在"中国钱事"中,笔者强调最多的就是,中国"不差钱"好多年了,既然货币是信用,是债务,那么中国现在的债务现状又如何呢?

在说此之前,笔者还想补充一点,就是大家都知道金融体系是经营货币的行当(或者说金融机构就是经营信用的),所以整体金融机构的资产实际上就是非金融部类的债务(非金融部类主要包括政府、实体企业和居民),也大体上就是整个社会的负债。按照这个简单逻辑,笔者对中国的债务算了个大账,即当前中国债务存在的三个比例关系。

比例关系之一:从非金融部类的债务人分布来看,政府和非政府(实体企业和居民)的债务比例关系是二八开。截至2014年年底,中国非金融部类的总债务规模约 148 万亿元,其中政府债务规模为 31 万亿元;非政府债务规模 117 万亿元,其中实体企业债务规模为 95 万亿元,居民债务规模为 22 万亿元。

比例关系之二:从非金融部类的债务产生渠道来看,贷款之外的融资和贷款的比例大体上是四六开。按照中国人民银行公布的社会融资总量数据来看,截至 2014 年年底,新增人民币和外币贷款 12 个月滚动合计额为 10 万亿元,新增社会融资的 12 个月滚动合计额为 16.5 万亿元,相应新增贷款占到新增社会融资近六成左右。

比例关系之三:从非金融部类的债务用途来看,存量债务的利息支出和债务的净增量的比例大体上是四六开。2014 年社会融资新增 16.5 万亿元,其中用于利息支出约为 7 万亿元,债务的净融资量约为 9.5 万亿元。

看了上述三组数据,相信大家对于中国当前的债务大致有了一个清晰的概况:**债务总规模是 GDP 的 2 倍、非政府部类占到了总债务的 8 成左右、净增债务中有 3 成多是用来支付利息的、债务获取近一半左右是通过信贷之外的渠道获得的**。

接下来就需要探讨如何判断债务的恶化。

社会各界之所以对政府债务的快速扩张广有诟病,无非就是担忧一旦政府债务的无序扩张得不到扭转,那么其化解债务危机的手段对非政府部门的影响实际上就是经济福利的消减。即在现有的收入分配和融资体系进行根本性改革之前,未来债务链条的维系很可能将进一步滑向"以债化债"的局面。而一旦对该路径形成依赖,首先就会侵蚀债务人的既有资产和财富存量,例如债务率过高的债务人可能会通过售卖资产的方式获取现金流,以维系债务债权关系的不破裂,反映到其资产负债表上,就表现为资产和负债规模的同时降低。而一旦非金融部类采用了这种被迫收缩的修复方式,则必将传导到金融机构所持有抵押资产的估值上面,相应会出现抵押物估值不足的局面,进而导致金融机构资产质量的恶化。金融机构的一个自然应对就是会自发收紧融资供给,以求自保,届时伴随经济体系的硬性去债务，经济增长可能再次出现断崖式下降。

而上述**"坏局面"一旦发生，债务中的比例关系则会相应发生变化：首先是利息支出占新增债务的比重会上升，其次贷款之外的融资比重也会上升，再次就是经济增长的债务依赖度会上升，进而倒逼政府通过被动增加债务的方式进行托底，相应政府债务占总债务的比重也会快速上升**。实际上，这四个上升已经在出现过危机的欧、美、日等国的身上看到过。

另外，政府债务被动扩张的一个副产品就是产能调整会被延后，而产能过剩局面的出现实际上表明的是无效投资比重的增加，从债权债务关系上来看，无效投资实际上就是没有现金流的信用债务关系。

当然上述推演都是笔者的纸上笑谈，因为经济运行体系作为一个多因素正负反馈互相交织的系统而言，单一的逻辑推演很难涵盖其实际的运行轨迹。因此，任何预测和指标观测都有以偏概全的不足。不过笔者还是想啰嗦一句，"只有把屋子打扫干净，才能把客人请进来"，不然进来的就不是"彬彬有礼"的客人了。当下中国的"屋子如何打扫"，未来又应请进什么样的"客人"呢？

虱子多了不怕痒吗？

"欠债还钱"本是天经地义的事，但纵观经济发展史，大到一个国家、一个地区，小到一个企业、一个人，**"欠债不还"**却也屡见不鲜，尤其是当经济调控者开始执行风险和价值重估式的宏观调控策略时，基本就是对此前欠债者开始了一次较为严格的体检。就像现在，决策层始终在强调要去产能，要降杠杆，而就在 2014 年"两会"答记者问时，李克强总理在谈到是否愿意看到一些金融产品违约的情况时，就表示："我怎么能够愿意看到呢？但是确实个别情况难以避免，我们必须加强监测，及时处置，确保不发生区域性、系统性金融风险。"而就在总理表态的前几天，中国的债券市场出现了第一单实质性违约事件，2014 年 3 月 4 日晚间，上海超日太阳能科技股份有限公司发布公告称其发行的"11 超日债"无法按期全额支付债券第二期利息的 89.80 万元,仅能够按期支付共计人民币 400 万元,受此影响,包括"11 天威债"、"11 华锐债"等多支 2011 年发行的债券或被暂停上市、或被交易所警告,缘由是这些发行体均出现了连续两年的亏损。

这里必须和大家解释一个重要内容,为什么出问题的债券大都是代号"11"的债券(即 2011 年发行)呢? 背后是企业在获取融资渠道转换的问题。

一个原因无疑就是,伴随为期两年的"4 万亿"刺激计划的结束,取而代之的是企业类债券融资出现跳跃式增长(这里主要是指非金融企业)。2011 年企业债券发行量突破了 2 万亿元,2012 年突破了 3.5 万亿元,2013 年更是一举突破了 3.8 万亿元,2014 年则是突破了 5 万亿元大关;而就在 2009 年和 2010 年刺激计划实施期间,企业债券每年的发行量基本就在 1.5 万亿元左右。可见,虽然政府主导的经济刺激没有了,但是在大家默认的"刚性兑付"假设下,企业的债务扩张并没有停止。什么叫刚性兑付,就是大家都觉得中国政府是不容忍"欠债不还"事件出现,即债务的形成中虽然没有政府的直接介入,而一旦出现风险,政府还是会出于维护稳定的角度进行救助。渐而久之,大家逐渐就形成了"债务越多越安全"的认识,因为政府胆子最小,不敢也不愿出事,正所谓"虱子多了不咬人"。

但是"虱子多了,真的就不咬人"吗?

为了回答这个问题,笔者想从人均债务的角度来分析。危机前,中国的人均债务增速和人均 GDP 增速不仅属于同向变化,而且两者增速大体相当,属于经济扩张性的增长。2002 年至 2007 年期间,人均债务平均增速为 17%,人均 GDP 名义值年均增速为 15%。而危机后,人均债务和人均 GDP 呈现反向变化,2008 年至 2014 年间,人均债务平均增速提升至 21%,人均 GDP 名义值年均增速则降为 13%。

显然危机前后,人均债务增速和人均 GDP 增速在走向上发生了显著的变化,或者说无论出于何种目的,当下的中国经济增长已经成为典型的债务驱动型，由此你还能说"虱子多了不咬人"吗？或者说债务因素对于我们每个人实际经济福利的影响还可以忽略不计吗？

再来看一组数据：

笔者粗略地匡算了一下，截至2014年年底，中国的人均债务余额已经由危机前不足3万元（2007年人均债务为2.7万元），急升至目前9.7万元的水平，七年间债务增长超过3倍。而按照西南财经大学甘犁教授团队对于近3万户家庭的抽样调查数据显示，目前中国家庭人均负债余额6.1万元，也大体与笔者估算的结果相当。那么增长3倍的债务意味着什么？按照国家统计局公布的数据显示，2007年中国的人均年收入为1万元，到了2014年升至2.4万元，增长了2倍，按道理说已经不慢了，但是由于债务增长的速度更快，所以人均的杠杆率（人均债务余额/人均年收入）则由危机前的260％快速升至超过400％的水平。如此高的杠杆率恐怕一时还难以降下来，因为按照10％的年均债务增速计算（2003年至2013年间的平均增速为18％），如果要将杠杆率降至危机前的水平，则人均收入按照年均15％的速度（2003年至2014年间的平均增速为13％）连续增长十年才能实现，但照目前的情形看，显然这是无法实现的。

同时如此高的杠杆率必然带来一个直接的影响就是居民需要支付的利息负担会越来越重，按照最低的一年期国债利率来测算，一年中人均利息支出由危机前的700多元升至目前的近3000元左右，相应占人均年收入的比重也由危机前的8％升至13％左右。这样看债务的"虱子"已经开始大口咬人了。

如果再加上税收负担、通货膨胀，那问题可能就更严重了。

2003年至2014年，剔除掉间接税（主要是增值税、营业税和消费税），人均税负（直接税/收入）累计提升幅度近10％。截至2014年，人均税收占人均收入的比重接近20％。按照CPI口径计算，2003年至2014年间，中国通胀累计涨幅接近40％。

如果把债务、税负和通胀加起来，它们在2003年吃掉了人均收入的

20％左右,而到了 2014 年则吃掉了人均收入的 70％还要多。

这样算账下来,笔者觉得:2003 年至 2014 年间,微观经济个体的经济福利改善速度很慢,如果再考虑贪腐、收入差距扩大、环境恶化(雾霾天气)等因素,甚至可以说经济福利无改善,那么目前微观层面表象上的经济福利感受,就更多源于货币幻觉,这就又回到此前"中国钱事"中"不差钱"的故事了。

从 2014 年全国"两会"期间李克强总理的"不愿,但是没办法"的表态和政府让"11 超日债"的实质性违约真实发生的变化来看,显然对这些"虱子"最有办法的人已经不耐烦了。而一般而言有人不耐烦,就一定会有人很受伤,因为原本靠谱的逻辑没了,怎么办?

南橘北枳

自 2011 年"山东海龙"事件开始至今,中国债券市场大大小小已经出现了几十次的信用事件。从 2014 年 3 月份"11 超日债"作为国内首例违约债券开始,实际上"刚性对付"的神话开始逐渐破灭。而到了 2015 年 4 月 21 日,保定天威集团有限公司发布公告称,由于公司发生巨额亏损,无法按期兑付 2011 年度第二期中期票据本年利息,成为首只违约的国企债券,这家企业还是有军工背景的,它表明宏观决策层对于目前快速增长的债务态势已经越来越"不耐烦了",与之相伴,有关中国是否会发生"明斯基时刻"的争论也越来越多。

明斯基时刻最早是由美国太平洋投资公司的保罗·麦卡利在 1998 年提出,其理论基础则是美国经济学家海曼·明斯基 1991 年提出的金融不稳定理论。该理论通俗地讲就是:**在大家都过好日子的时候(经济上升期),市场参与者胆子都很大(愿意冒险,追求高风险高收益),而好日子越长,大家的胆儿也越来越肥,已经不满足于用自己的钱搞投资,开始借钱投资了(加杠杆);但投资终归是有风险的,尤其是当经济由上行转为下行,这**

时投资回报产生的现金流可能不足以偿还债务的利息（更不要说债务本金了），信用违约事件陆续暴露，那么放贷者开始变得谨慎，纷纷开始收回贷款，而借钱者为了应对现金流的缺口，不得已开始售卖资产，一旦大家都在做这样的事情，资产价格就出现了崩溃。最近的例子就是2008年危机爆发初期的美国金融市场，当时除了美联储，市场上已经鲜有买家，"现金为王"的策略开始当道。

实际上对于债务问题的类似讨论，并不是什么新鲜事，最典型的案例就是从美国成为全球最大债务国以来，有关美国债务危机的讨论就从未停止过，2010年美国的主权信用评级因此还曾被下调。但伴随美国经济的逐步复苏，似乎其债务问题又变得不是问题，可见债务问题除了债务本身，还取决于经济效率。

那么危机爆发至今，美国的债务问题究竟是怎么演变的呢？

先来看看美国的情况。

首先看看美国债务总量方面的变化。截至2013年年底，美国的债务总额接近58万亿美元，基本是其当年GDP的3倍半（总债务余额/GDP＝344%）；危机前（2007年年底），美国的债务总额接近48万亿美元，为当年GDP的3倍多（总债务余额/GDP＝331%）；六年间美国债务总量增加了10万亿美元，而GDP的总量基本增加了3万亿美元，由2007年的14万亿美元增加至2013年的17万亿美元。

其次，再看看美国债务结构的两个变化。

变化之一，危机以来，美国外债、内债在存量和增量的比例关系，基本稳定在"三七开"格局，即这六年中，外部投资者又累计新借给美国3万多亿美元；而同样是六年的时间，在此前的经济上行期内（2002年至2007年），外部投资者则累计新借给美国9万亿美元，可见本次危机确实让美国的外部融资受到了较大影响。

变化之二，从举债的不同部类结构变化来看，这六年间，美国联邦政府是举债的主体。截至2013年年末，美国家庭居民的债务余额13万亿美元、

非金融企业的债务余额 24 万亿美元、地方政府和联邦政府的债务余额 21
万亿美元；与 2007 年年末的数字相比，家庭居民的债务减少了 7000 多亿美
元、非金融企业的债务增加了 2.2 万多亿美元、地方政府债务增加了 1000
多亿美元、联邦政府债务增加了 8 万多亿美元。如果再细追究一下，在 8 万
亿元的新增联邦政府债务中，约有 1.5 万亿美元来源于美联储，有 3.4 万亿
美元来源于外部投资者。

最后，美国债务扩张的效率如何呢？如果用每年的新增债务和新增
GDP 的比值来衡量，2008 年至 2013 年期间，该比值的平均值约为 4，即每
新增加 1 个单位的经济产出，需要追加 4 个单位的债务融资，其中联邦政府
的贡献度高达 70％左右，而 2007 年的时候该比值曾高达 8 左右。与大家
的直观感受不同，美国政府的反危机干预，不仅没有降低美国经济的效率，
反而使得效率得以改善。

上面的这些数据反映出，在本轮危机的应对中，美国属于典型的政府
干预并直接介入的反危机应对；而从各部类的债务变化来看，危机引发私
人部门资产负债表修复（去杠杆），进而出现了信用缺口，相应美国联邦政
府通过信用扩张来填补了这一缺口。这两个特点就是危机以来，美国债务
问题的最核心变化。

如果以美国为样板，反观中国的情况，危机以来，债务问题在美国是
"南橘"，到了中国却变成了"北枳"。

首先，截至 2013 年年底，中国的债务总量增加了 87 万亿元人民币，其
中两成来自政府（而且主要是地方政府）、六成半来自非金融企业、一成半
来自家庭居民，其变化情况正好和美国相反。

其次，中国债务的效率变化也明显不同于美国。2008 年至 2013 年期
间，中国每年的新增债务和新增 GDP 比值的平均值约为 3.2，即每新增加 1
个单位的经济产出，需要追加 3 个多单位的债务融资，而 2007 年的时候该
比值仅为 1.6。可见同样是债务扩张，中国经济的效率出现了显著下降。

经过上述中美两组数据的对比之后可见，同样是危机下的债务扩张，

由于债务扩张的路径和结构的不同，最终导致两国经济效率变化的差异。说到这里，大家自然要追问笔者，"集中优势办大事"历来是中国的看家宝，怎么在债务扩张上，却出现了"南橘北枳"，原因何在？

原因就在于两国应对危机的不同逻辑——

美国之所以出现联邦政府债务增长一体独大的局面，实在是因其内部经济运行中市场契约和财务硬约束不能被人为打破或者修改，由此，为了应对私人部类顺周期的经济行为（经济下行期，资产负债表要修复、要收缩、要去杠杆），联邦政府只能被动加杠杆（实际上在美国，地方政府也类似于私人部类，属于顺周期部类），这样的经济干预逻辑可能不会马上把经济救起来。例如，虽然2008年第四季度美国政府就启动了经济刺激一揽子方案，但其在2008年和2009年仍旧出现了衰退（GDP增长率分别为－0.3％和－2.8％），可是**由于经济运行的市场化规则被保全了下来，因此经济一旦恢复之后，其内生动力就会不断增强。**

本次危机中，中国经济刺激的核心内容，**就是中央政府不再大力度地直接介入经济运行，而是通过向地方政府下放了金融配置权，来调动地方的积极性。实际就意味着中央对地方投资和财务约束的放松，所以就出现了融资平台、影子银行快速扩张等金融变化，这些金融变化还进一步推动了家庭居民金融介入程度的加深。**还有一个更显著的变化就是，本应在危机中进行资产负债表修复的经济主体，这一次罕见地齐头并进行逆周期扩张（在有效产能利用率不断下降的情况下，不仅没有减少融资，反而逆势增加外部融资），而中国经济正是在这样的环境下，率先实现经济复苏，但随后经济的内生动力却始终不强，经济运行始终处于异常波动之中，由此宏观政策的无所适从就再自然不过了。如今中国债务无论是在总量上，还是在结构上，均给未来经济运行设置了不小的障碍。如果再不做出调整，恐怕当前债务的"南橘北枳"最终将变成"饮鸩止渴"，而本篇开头说的中央的"不耐烦"显然就是调整的信号。

中国债务的故事至今还没有结束，未来如何收场，谁也不知道。

化债需用混合运算

无论是和自己比,还是和海外比,危机以来中国债务增长速度是极高的,规模也是极大的。对于当下乃至今后,债务确实已经成为悬在中国经济头上那把锋利的"达摩克利斯之剑",而悬挂于剑柄之后那根细细的马鬃,就是维系巨量债务背后的现金流。

越来越贵的中国经济

多年以来,中国经济始终被冠以"价值洼地"称号,吸引着各色投资者。例如,伴随 1992 年外资进入中国的制度性制约的逐渐松动,截至 2014 年年底,进入中国的外商直接投资(FDI)累计规模高达 2.7 万美元,海外资金进入中国金融市场的证券投资约 5100 亿美元,合计规模 3.2 万美元。这两类进入中国的外部投资均可看作是对中国投资回报率的认可,而同时这两类投资占到中国对外负债余额的 70% 左右,而外管局公布的历史数据显示,2004 年年末这两类资金规模仅为 4000 多亿美元,也就是说十年间,进入中国的外部投资资金的规模增长了 8 倍之多。中国经济确实也很厚待这些投资者,简单地按照一年期定期存款和人民币升值幅度匡算(即无风险的最低回报率,年平均约为 6.5%),十余年间中国经济累计最少给这些海外投资回报了近万亿美元,而如果考虑这些年中国实体经济利润率和资产价格涨幅的话,实际的回报应该远远高于这一数字。

如今中国经济已经不是"价值洼地"了,换而言之,**中国经济已经变得越来越贵**。

首先,现在投资中国的回报率较危机前已大幅下降。自 2008 年危机爆发至今,中国的单位产出的资本投入平均比值已升至 7 左右,即增加 1 个单位的经济产出,需要追加 7 个单位的投资,而危机前该比值还不到 4。

其次,现在中国制造优势普遍面临开工不足的困境,产能过剩严重。国家统计局数据显示,自 2012 年 3 月份以来,中国工业品产出价格(PPI)

至今已经连续近四年负增长,中国上一次出现该局面还是在亚洲金融危机爆发的时候,当时 PPI 曾出现连续两年半的负增长。国际货币基金组织(IMF)在其 2012 年的国别报告中指出,当前中国资本产能利用率已从危机前的 80% 降至目前的 60% 左右。

第三,中国经济整体的财务成本也在快速上升。在上文中,笔者曾说过自己的匡算结果,目前政府、非金融企业和家庭居民三者合计每年需要支付的利息规模已超过 GDP 的 1/10。

第四,中国的劳动力已经不便宜了。综合世界银行和国家统计局的数据估算,自从 2012 年开始,中国的适龄劳动力人口将出现每年减少 300 万的深刻变化,加之中国劳动生产率增速也呈现出低于工资增速的趋势性变化,表明多年支撑中国制造优势的劳动力红利正在加速衰减。

综合这四个变化,**中国经济已经变贵应该是毋庸置疑的,这个"贵"体现在:劳动力涨价,投资回报率下降,财务成本抬高,实体经济盈利不强。而已经变贵了的中国经济对于债务而言,就是获取现金流的难度在增加。**

股权转债权的直接融资结构变化

制约中国债务问题化解的另外一个因素,就是当前国内的融资结构。提高直接融资比重一直都是官方所提倡的,而实际情况表明这些年直接融资比重确实也是在提高的。中国人民银行数据显示,2002 年中国的直接融资规模为 6500 亿元左右,在社会融资中的比重不足 5%,但当时 90% 的直接融资来源于股票融资;而到目前直接融资规模升至 16 万亿元,相应在社会融资中的比重也提高到 12%,但其中近 8 成左右已经变成了债权融资。可见中国直接融资比重的提升主要是靠债权融资的扩大,这样就出现了一个有趣的现象——与进入中国的外部资金相比,显然国内投资者更愿意获取利息,而非股息,或者说是国内企业更愿意借国内的钱,欠国内的债。但这样问题也就来了,由于股权和债权背后权利义务的差别,对于出钱的人来说,有的时候债权可能会把他自己捆绑得更紧,因为他担心欠钱的人赖账,而欠钱的人很可能也以此为要挟,不仅不急着还钱,反而继续借钱,直到把出钱的人掏空、掏急,即出现"光脚的不怕穿鞋的"困境。反而言之,如果是股权融资的话,这样的局面可能很难出现。

化债只能用混合运算

正如笔者在上文中所言:中国债务的故事至今还没有结束,未来如何收场,谁也不知道。但如今中国经济的变贵,实际上意味着前期的一些资金流入可能要转舵了;而以债权为主的直接融资结构,实际上是更多地将债务化解的压力转到了债权人身上,那么未来中国债务的化解之路,或者说可持续的路径又是如何呢?

笔者以为,基本路径无非有二:其一是做减法,通过金融监管政策的调整和货币政策的调控,减少信贷渠道之外的融资规模(例如,影子银行);其二是做加法,通过债务负担在不同部类之间的转移,以时间换空间,提高经济效率,改善现金流。但在当下中国经济保增长和促转型并重的客观要求下,债务的可持续之路可能是做混合运算,即一方面加快投融资机制的规范,将一些"空手套白狼"的高风险债务及时消除,做到有效地隔离;另一方面则需要采取适当的货币、财政、产业政策,适度地调整债务在不同利润率行业间的分布,间接通过"抱团取暖"的策略,为现金流暂时出现困难的微观个体,延长修复时间。用官方的话,就是"宏观政策要稳住,微观政策要放活,社会政策要托底",所以未来中国的债路选择上,必须念好"稳、放、托"的三字经。

事外话:债务置换背后的故事

说明:本文于 2015 年 6 月发表于澎湃新闻。其写作背景主要是针对中国地方债务问题的化解,在 2015 年终于有了明确的思路,由于这一化解工作还未结束,所以对于此事的评价为时尚早。但是仅就已经开展的"债务置换",其中还是有不少认识上的误区,对此本文尝试进行了分析。

第一件事：债务置换后究竟是节省了谁的利息支出？

针对近几年热议的地方债务问题，今年财政部拿出了债务置换的缓解方案，即地方政府通过发行债券进行融资，置换包括地方融资平台等在内的地方政府负有偿还责任的存量债务。自 2015 年 5 月 18 日江苏省发行地方债以来，至 6 月中旬地方债已累计发行 7000 多亿元，而财政部继 3 月份下达首批 1 万亿元的置换债券额度之后，6 月 10 日再次公布了第二批 1 万亿元的地方政府债券置换额度。按照中金梁红博士的测算，年内还会有第三批额度下放，规模估计也在万亿元左右，而早在 3 月份，就有媒体报道称今年债务置换规模为 3 万亿元。从目前地方债的发行情况来看，其发行利率基本都贴近同期限国债的利率，那么如果年内真的将地方债务置换 3 万亿元的话，相应一年就节省了近 1000 亿元的利息支出；而倘若在未来两三年内，把楼继伟部长 4 月份在清华大学披露的 15 万亿元地方债务全部置换出来，最终政府债务每年节省利息支出的规模将达到 5000 亿元上下。

现在大家都说这部分利息是为地方政府节省的，虽然从形式上确实如此，但笔者认为实质上却是为中央政府节省的。

为什么这么说？

从 2009 年中国准许地方政府搞赤字财政开始，至 2015 年 5 月 17 日，地方债务余额为 1.1 万亿元，从债务债权关系来说，只有这部分债务是严格意义上地方政府有明确背书的债务（类似国债）。至于现在大家讨论的 15 万亿元地方债务，基本上是由地方政府或显性或隐性负有偿还责任的债务，即从经济管理和宏观稳定的广义范畴上政府负有偿债责任的债务，而这部分债务背后则是地方政府财权和事权的不匹配。现在中央虽然每年给地方政府的税收返还和转移支付有 5 万亿元之多，但地方政府还是承担了相当大一部分其本身财力不支持的支出事项；加之本次反危机的一个重要政策内容就是中央对地方金融配置权的下放，所以我们就看到了形式上预算软约束的地方债务的快速积累。实际上我们通常讲的"以财行政"和"以政控财"在地方上都是行不通的，所以这笔账在本质上还是应该算到中央政府的头上,而不能全都算到地方政府的头上。何况与欧美财政联邦制不同,中国的中央政府对于各地方政府具有无限责任,即无论是什么成因,地方的财政风险最终都会得到中央的救助,也必须得到中央的救助。当然地方政府在其中搞了一些符合自身利益的东西,则另当别论。因此,从这个逻辑上而言,通过债务置换节省下的利息,应该最终是对中央财政负担的减轻。

第二件事:投融资机制的变化,使得本次债务置换还有第二层意义。

除了上述政府债务财务成本的节省之外,债务置换还有投融资机制变化的修复。

在本次危机前,地方政府的财政支出对于银行信贷融资具有明显的撬动功能,而且该作用的大小与经济增长还具有明显的正相关(参见下图)。但是 2008 年危机之后,数据显示这种撬动机制发生了巨大变化。例如,除了在 4 万亿元经济刺激计划实施期间(2009—2010 年),新增信贷与地方财政支出的比值超过 1 之外,在随后的年份中,该比值基本稳定在 0.75 附近,此点与 1998—2002 年期间首次实施积极财政时明显不同。从全社会投资资金来源构成上,也反映出上述投融资机制的变化。在危机前,全社会投资的资金分布格局大致是:银行信贷占两成、政府预算资金占一成、自筹资

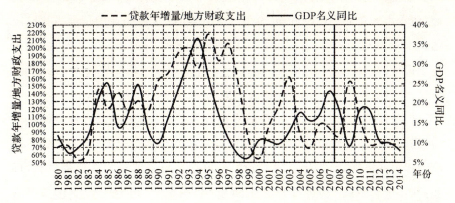

数据来源:WIND

投融资和经济增长

金占六成半、外资占一成。危机后，银行信贷和政府预算资金的占比分别降至 12％、4.5％，而自筹资金占比升至 80％以上。

数据来源：WIND

全社会固定投资资金来源构成

　　上述变化中自筹资金比重上升的背后，是债券市场的快速扩容和影子银行的高速发展。2007 年年底，中国债券市场存量规模为 12.9 万亿元，其中非金融企业的债券占比不到 7％，规模不足万亿元，而截至 2015 年 5 月底，债券市场总规模已经升至 39 万亿元，其中非金融企业的债券占比已经超过 1/3，规模超过 13 万亿元。按照穆迪的测算，截至 2014 年年底，中国影子银行的规模为 45 万亿元，而 2007 年年底影子银行规模仅为 3 万亿元。可见，仅就数据本身，危机以来，我们的"金融脱媒"进行得很快。

　　但与欧美国家不同，无论是债券的投资者，还是影子银行资金的供给者，我们的主体依然是商业银行，所以虽然从数据表面上看，政府和银行的融资比重在下降，但实际上政府和银行依然是投资的资金主要提供者，即我们的"金融脱媒"从某种意义上属于"假脱媒"。但有一个变化却是真的——投融资机制的变化，因为与政府支出的预算约束和商业银行信贷的风险防控相比，危机后快速上升的新融资渠道在资金成本、风险管控、债务期限等方面均有较大差别。例如,影子银行渠道的融资利率普遍比信贷高,但其融资风险评估更为灵活;债券融资利率较信贷低,但在信息披露方面要求更为严格;但两者有一个共同点,就是债务存续期均较信贷短,换句话说,就是对于新融资渠道依赖越多,企业的债务期限就越短,应对还本付融资问题的频率就越高,而在经济下行期内,这样的变化显然是不利的。而此次债务置换除了将利息成本降下来之外,还有就是把债务期限调整得更加平滑(或者可以说是对投融资变化的修复),例如在已经发行的 7000多亿元债券中,1 年、5 年、7 年和 10 年的分布依次是 15%、30%、30%和 25%。

第三件事:债务置换的结果究竟是减杠杆还是加杠杆?

现在有一种说法是债务置换是为了控制中国债务的增长速度,即在某种程度上是在减杠杆。但事实呢?由于债务置换主要是政府和商业银行之间的事情,所以在置换之后,对于商业银行而言,主要有两个大的变化:第一,就是商业银行认购了地方债,地方政府融到资金后,偿还了部分过去与影子银行之间的债,实质就是对商业银行部分表外业务进行了回表处理,而按照 2015 年 1 月 16 日银监会公布的《商业银行并表管理与监管指引》,在 2015 年 7 月 1 日之前,银行的表外业务是不占用资本的;第二,就是地方政府通过发债融资,偿还原有的商业银行贷款,相应释放了一部分银行信贷额度,尤其是对于商业银行的资本占用而言,地方债的资本占用要明显少于信贷的资本占用。这两个变化对于商业银行而言,债务置换之后,其认购地方债的利息收入较置换资产的收益率低,客观存在如何填补这块息差收入的需要;另一方面,由于债务置换后可能会节省出一部分资本占用,客观上为增加信贷等高收益资产配置提供了空间,因此为了维持息差水平不下降,商业银行反而有了扩张资产的动机,这样一来实际上就是在加杠杆。当然最终结果如何,还要再观察,因为 7 月份之后,第一个变化中的表外业务回表会对商业银行资产扩张具有抑制作用。

第四件事：债务置换究竟会对货币政策产生什么影响？

前面的三件事有一个重要的前提，那就是地方债必须以一个较低的利率发行成功，然而按照财政部制定的地方债定价机制，地方债的发行利率区间下限不得低于发行日前1～5个工作日相同待偿期记账式国债收益率平均值，上限不得高于发行日前1～5个工作日相同待偿期记账式国债收益率平均值上浮30%。由此，地方债的发行利率就由地方政府的议价能力和国债利率所共同决定，而一般意义上讲地方政府对于所辖区内的商业银行具有较高的议价能力，所以对于商业银行而言，国债利率对于地方债发行利率的影响就更为关键。而从商业银行的利益角度而言，当然也乐得看到国债收益率上升，而实际情况则是自5月18日地方债发行启动以来，3年、5年、7年和10年的国债收益率依次上升了5个、22个、13个和19个基点（一个基点是万分之一）。但是从降低全社会融资成本而言，国债收益率作为无风险利率，承担着市场基准利率的功能，尤其是长期国债利率更是会直接影响实体企业融资成本的变化，而在经济下行过程中，出于宏观审慎的考虑，融资成本的上升显然是和宏观意图相背离的，此点就决定了央行在货币政策上需要考虑将商业银行的利益诉求和融资成本不能继续上升的宏观意图进行融合。例如，降低商业银行法定存款准备金率，因为商业银行上存在央行的准备金，属于收益率很低的资产，要远远低于国债的收益率，所以降准就可以给商业银行释放一部分资产结构调整的空间。在这一调整下，即便是在目前的国债收益率水平上，配置国债和地方债对于商业银行的息差也是有着实质性改善的。而商业银行资产配置的调整，一定会对债券市场的供求产生变化，进而有助于保证市场利率的实际走势向宏观意图靠拢。

第五件事：慎用国家资产负债表的概念看待债务问题。

针对政府债务问题，还有一种观点认为不能仅仅单方面看待负债，还需要关注资产，由此引申出编制我们自己的国家资产负债表。其中最典型的代表为2011年起李扬、曹远征、马骏等人已经开始实质性地推进该项研究,而在党的十八届三中全会通过的《中共中央关于全面深化改革若干重大问题的决定》中,"编制全国和地方资产负债表"就已经写入了顶层设计方案中。

笔者觉得,如果从中长期的趋势把握而言,用资产负债表的思路来看待负债问题是有意义的,尤其是通过编制国家资产负债表,可以更好地掌握"家底",提高我们"数目自管理"的水平,但需要警惕以此为基来判断负债问题的准确性,因为错误的数据比没有数据更可怕。

理由如下:

一,在目前产权制度的现状下,国家层面的资产更多还是统计的概念,而且进入国家资产负债表范围的资产如何界定,还是一个不小的问题,因为此点最终决定了国家净资产的情况。例如,军产、自然资源是否被纳入。

二,资产计价的问题。究竟以什么方法对进入资产负债表的各类资产计价入账,实际上决定了国家净资产的规模,而资产计价方法又和各类资产所处的市场活性有关,市场活性的变化决定了资产计价方法调整的频率,如何做到准确、及时,实际上是个复杂的系统工程。

三,资产的处置问题。即便是资产能够通过合理的计价入账,并且能够做到准确、及时地调整,但如果为了缓解债务问题需要处置资产的时候,也是一个很难的问题。因为从数据统计的角度,你可以暂时绕过产权问题,但是当资产处置的时候,产权问题就不能被轻易地绕过去,需要给资产所有人一个明确的交代。例如,通过处置国有资产可以填补社会保险、养老保险的缺口,但是如果用来填补地方政府投资失误产生的债务就存在很大的问题。

四,部门利益如何协调的问题。从现实的情况来看,纳入国家资产范畴的资产实际控制权分散在各个部门,而这些资产基本上也都是这些部门实际功能的载体,因此纳入后要处置资产的时候,实际就变成各个部门职能的调整问题,这些部门的职能又都和国家的经济、社会、政治管理有关,所以可想而知在实际协调时会有多难。

目前按照已有的研究显示,国家净资产的年增量与经济增量还有不小的差距,换句话说国家整体的经济活动并没有都转换成国民的净财富,当然这一结论和上述四点的不确定有关,但大体上和我们的直观感觉差不多,因为在经济活动中总有一些经济浪费(例如无效投资)。因此,就产生了国家资产负债表的第五个不确定的地方:宏观经济导向对于国家资产负债的影响更难衡量,其中有时间的因素、有评价标准的因素等。

正是出于上述五点的不确定性,笔者认为要慎用国家资产负债表的概念看待债务问题。因为我们的债务是确定的,而目前的债务置换只能起到适度降低债务财务成本和后移债务偿还期的作用,也就是我们通常所说的以时间换空间。其背后的含义就是指望日后经济重新回到上行期,各个债务主体有充沛的现金流偿还债务。而如果从这个重要隐含假设出发,笔者认为编制国家资产负债表的真正含义是完善经济活动核算体系,目的是优化资源的配置。因为资产处置本身就是资源要素配置结构的调整,还有就是潜在人口负债的填补(例如养老、社保、医疗、教育等),最终推动劳动生产率的提高,那么负债就会变得更有用,而不是更有负担。

中国税事

2012 年全国"两会"期间，前央视主持人崔永元在其微博中曾算过一笔账：月收入 1 万元，要交 14％个税，12％公积金，8％养老保险，4％医疗失业险，合计 3800 元，剩下 6200 元；如果你拿出 6200 元全部消费，需要为你消费的商品埋单 17％的增值税和 28％的各种杂税，合计 2800 元，所以一个月赚 1 万元的人，相当于要拿出 6600 元来交税。按照崔永元的计算，扣除各项税、险、金之后，实际可支配的收入在我们的名义收入中比重仅为 33％，而税收占名义收入的比重则接近 30％。而在 2009 年，《福布斯》杂志也曾公布过一个"税负痛苦指数"，当时中国位居全球第二。这两个例子似乎都在告诉我们，中国是一个高税负国家。

但是高税负是否带来政府的高收入呢？

如果观察 1994 年分税制至今二十余年的中国

财税数据，期间中国税收年均增速为 17％，税收总额/GDP 估算宏观税负的平均值为 15％。但是税收增长和宏观税负之间的关系却相继经历了四个阶段：1994 年至 2000 年间的"低税负，低增长"、2001 年至 2005 年间的"低税负、高增长"、2006 年至 2010 年间的"高税负、高增长"和 2011 年至今的"高税负、低增长"，显而易见中国目前的高税负已经不能带来高税收了。

由此，矛盾出来了：居民感觉税负比以前重了，而政府收入却不及以前了。

实际在 20 世纪 70 年代，当时的美国也碰到过类似的问题，而时任美国总统里根的经济顾问阿瑟·拉弗提出了解决思路，即著名的"拉弗曲线"。拉弗认为政府的税收收入与税率之间，当税率在一定的限度以下时，提高税率能增加政府税收收入，但超过这一限度时，再提高税率反而导致政府税收收入减少。因为较高的税率将抑制经济的增长，使税基减小，税收收入下降；反之，降低税率可以刺激经济增长，扩大税基，税收收入增加。此后他的建议被里根所采纳，成为"里根经济学"的重要内容。

那么，如今我们又该如何走出"高税负、低税收"的困局呢？笔者在"中国税事"一章就和大家聊聊这个话题。

税收修补术

中国的税负究竟是高还是低，一直就存在争议。对此，包括财政部、税务总局等部门在内的官方回应始终认为中国目前的税负水平属于世界平均水平，但众多研究机构和专家对此均持怀疑态度。

衡量一个国家宏观税负的高低，与选取的统计口径直接相关，例如最窄口径的宏观税负——税收收入占 GDP 的比重，最宽口径的宏观税负——广义政府收入占 GDP 的比重，广义政府收入包括税收、政府性基金、土地收入、各项收费和社保金等。不过无论怎样，**宏观税负作为衡量政府在全社会经济蛋糕中占比的指标，其高低直接影响到居民经济福利的多**

少。尤其是在社会公共服务供给和管理体系没有完备之前,税收所具有的"取之于民、用之于民"的本意还很难完全落实。因此,当前宏观税负更像是政府与居民在经济利益上的分割。

如果按照各项税收的口径计算(最窄口径的宏观税负),中国的宏观税负由 1994 年分税制改革时的 11% 升至 2003 年简化税制改革后的 15%,而目前宏观税负已经升至 20% 左右。若按照广义政府收入口径测算,中国的宏观税负在全球范围内属于较高水平,中国财政部经济建设司在 2013 年 7 月 22 日发布《2013 年上半年产业经济运行分析及建议》报告称,当前中国企业税费负担较重,综合考虑税收、政府性基金、各项收费和社保金等项目后的税负高达 40% 左右,超过 OECD(经济合作与发展组织,也被称为"富人俱乐部")国家的平均水平。

从增速角度来看,从 1997 年以来,税收的增速就一直高于名义 GDP 的增速,1997 年至 2014 年期间,中国各项税收的平均增速为 17%,而名义 GDP 的平均增速为 13%,两者增速的平均差值为 4%。

因此,无论从何种角度来观察,中国的宏观税负呈现不断走高的态势是不争的事实,至于说造成宏观税负偏高的原因,其中则涉及中国税制结构特点、宏观调控政策选择、经济运行变化等多重因素。

在中国偏高的宏观税负环境下,居民的实际经济福利受损就成为必然。

1997 年至 2014 年期间,城镇家庭的名义人均收入的平均增速为 10.6%、农村家庭名义人均收入的平均增速为 9.6%,因此居民层面的名义收入增速也远低于最窄口径的税负增速。而如果再考虑通胀的因素,按照 CPI 的口径计算,1997 年至 2014 年期间,城市居民消费物价水平累计增加了 39%,农村居民消费物价水平累计增加了 46%,那么在剔除税负和物价上涨因素之后,居民实际收入的增长情况更差。因此,虽然**从统计数据来看,这些年居民的收入确实已改善了不少,但由于实际收入境况是变差的,所以在名义收入不断增长的同时,居民对税收负担的不满却越来越大**。

从国民收入的分配来看，政府的收入比重也表现为不断升高，1994年之前，按照收入法统计的 GDP 中，生产税净额（政府收入）的比重为 12%，到目前已升至 15%；而同时劳动者报酬（居民收入）的比重则由 53% 降至 46%。

不仅如此，这些年之所以居民的税负实际感觉超过统计数字的表征，是因为伴随资源配置方面的权力快速向政府集中的同时，政府在经济福利中的享有度或者说是政府占有经济蛋糕的部分也在快速提高。笔者的测算结果显示，如果按照 1978 年不变价格计算，即剔除物价因素后的中国 GDP 的实际值，基本呈现出"每八年翻一番"的规律；而在 2006 年之前，中国的税收收入基本是"每六年翻一番"，但从 2006 年之后就变成了"每四年翻一番"，也就是说**政府在经济剩余中的占有，是以两倍于经济增长的速度在扩大。由此，就出现"虽然蛋糕做大了，但享有切分蛋糕权力一方的占有也更多了"**。

因此，无论是从宏观税负的绝对规模还是增速来观察，这些年中国的宏观税负确实是处于不断增加的态势，所以也就有了宏观经济总量的数据表现和微观经济主体实际感受之间的巨大差异。而这种差异感很容易造成居民经济福利减少的预期，进而对今后各项改革的推进产生不利影响。

有关宏观税负最优度的研究，当属美国供给学派经济学家拉弗教授最为知名。据说当年拉弗教授在一次宴会上，为了说服当时福特总统的白宫助理切尼，使其明白只有通过减税才能让美国摆脱"滞胀"的困境，拉弗即兴在餐桌上画了一条抛物线，以此描绘高税率的弊端。后来，"拉弗曲线"理论得到了里根的赞许，并且在 1980 年的总统竞选中，里根将拉弗所提出的"拉弗曲线"理论作为"里根经济复兴计划"的重要理论之一，以此提出一套以减少税收、减少政府开支为主要内容的经济纲领。这条描绘税收与税率关系的拉弗曲线是指在一般情况下，税率越高，政府的税收就越多，但当税率的提高超过一定的限度时，企业的经营成本提高，投资减少，收入减少，即税基减小，反而导致政府的税收减少。

我们是否也存在这样的规律呢?

先来看看数据。1994 年至 2014 年期间,中国税收年均增速为 17%,税收总额/GDP 估算宏观税负的平均为 15%,税收增长和宏观税率之间的关系大致经历了四个阶段:

阶段 1:1994 年至 2000 年期间,税收年均增速为 17%,宏观税负均值为 11%,属于"低税负,低增长"阶段。

阶段 2:2001 年至 2005 年期间,税收年均增速为 18%,宏观税负均值为 15%,属于"低税负,高增长"阶段。

阶段 3:2006 年至 2010 年期间,税收年均增速为 21%,宏观税负均值为 17%,属于"高税负,高增长"阶段。

阶段 4:2011 年至今,税收年均增速为 13%,宏观税负均值为 19%,属于"高税负,低增长"阶段。

因此,从 2011 年开始,虽然宏观税负不断走高,但财税收入增长乏力却越来越成为财税部门面临的一个大问题。以至于他们甘愿冒天下之大不韪,在物价部门下调油价的时候,连续上调成品油消费税率(就是俗称的燃油税率),原因何在? 实在是因为这块收入不是一个小数目,由于有关燃油税的收入数据官方并没有公布,但依然能通过成品油的消费量来进行大致估算:2014 年燃油税收入大数在 3000 亿元左右,在税收总额中的占比约在 2.5% 左右;而最近三次上调税率之后,预计 2015 年的燃油税收入将升至 5000 亿元左右,收入占比也会升至 4% 左右。即便财税部门想尽了办法增收,但自 2013 年起,全国税收收入增速还是降至个位数。

大家一定还记得,在财税部门好年景的时候,在其向社会做解释的诸多财税问题之中,当时一个持续被关注的话题就是为什么中国的税收收入连续超过经济增速(GDP 名义增速)。例如 1994 年分税制至危机前的 2007 年期间,GDP 名义增速年均为 15.8%,而同期税收的年均增速为 18.6%,平均增速差为 2.8%,财税部门对此的解释主要是税收监管的增强,纳税人自觉纳税觉悟的提高。但在 2008 年至 2014 年期间,GDP 名义增速年均为 13.2％,税收增速为 14.6％,两者差值降至 1.6％,可见税收增速回落更大。

　　所以,笔者觉得"拉弗曲线"在中国已经形成,而目前高税负对税收增长的制约作用越来越凸显,因此宏观当局采取减税措施已经成为题中应有之义。而且本届政府自履新以来,已经陆续推出了针对小微企业的减免税政策,表明本届政府也愿意这么做。但是事情真的就是这么简单吗？是不是仅仅通过税收减免政策、税率的调整等一些技术性手段,就能够实现庙堂内外的初衷呢？

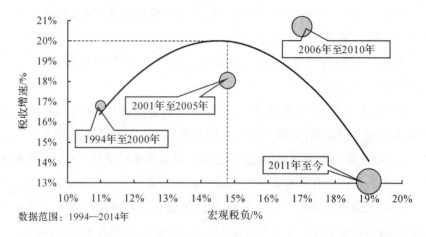

数据范围：1994—2014年

数据来源：财政部

中国的拉弗曲线

水涨船高

　　在前文中,笔者留了一个疑问,即仅仅通过税收减免政策、税率的调整等技术性手段,是否就能够实现庙堂内外降低税负的初衷呢？

　　回答这一问题,需要从中国的税种结构谈起。

　　以 2013 年的全国税收数据为例,当年各项税收合计 11.05 万亿元,这也是中国税收收入首次超过 11 万亿元大关。其中从占比来看,增值税、企业所得税、营业税、消费税和个人所得税依次为中国税收的前五大税种,合计占比高达 75％。如果再进一步细分的话,增值税、营业税和消费税的合计比重为 49％,而企业所得税和个人所得税的合计比重为 26％。可能大家会好奇,为什么笔者要这样划分?

这里面涉及几个税收概念。

第一个就是从价税的概念。例如,占中国税收一半的增值税、营业税和消费税都是从价税,即以课税对象的价值或价格形式为标准,按一定比例计算征收的各种税,另外像房产税、土地税等也都是从价税。**从价税最大的特点就是税款与通胀(课税对象的价格)成正相关的关系,甚至在某种意义上讲,物价水平上涨得越快,这些税的收成就越好。**而从价税比重高的中国实际而言,确实也呈现出每当通胀高的时候,往往税收增速也快,通胀水平低的时候,税收增速往往低的规律。例如 2007 年中国的商品零售价格和居民消费价格的涨幅均为 5.9％,GDP 平减指数①(更广义的通胀指标)更是高达 8.55％,当年税收的增速则高达 31.06％,是 1994 年分税制改革以来税收增速最高的年份;而 2009 年中国进入短暂的通缩阶段(各类通胀指标均为负增长),当年中国税收的增速则仅为 9.77％,是 1994 年分税制改革以来税收增速唯一低于两位数的年份。

第二个概念则是税负转嫁,即纳税人将自己所缴纳的税款转移给他人负担的过程。通俗地讲就是,商品或者服务的售卖者通过提高售价等方式,将售卖商品和服务已缴纳的税款全部或者部分转嫁给最终购买者,因此,在实际生活中纳税人和税负最终承担者往往是分离的。而**像增值税、营业税和消费税等从价计征的税种(即从价税),基本都存在税负转嫁的问**

①　GDP 平减指数,又称 GDP 缩减指数、GDP 折算指数,是指没有剔除物价变动前的 GDP(GDP 名义值)增速与剔除了物价变动后的 GDP(GDP 实际值)增速之差,由于它涵盖全部商品和服务,所以是对价格水平最宏观的测量。

题，而从价计征、能够转嫁的税种在中国税收比重又很高，所以对于中国居民而言，宏观税负实际上与包括居民在内的微观经济层面关系更密切。相应对于居民而言，附加在其日常生活中的商品和服务的消费上的税负要远远高于所得税的影响，此点可以说是中国税收与其他发达国家最重要的差异之一。

在美国，所得税占其总税收的比重在 40％左右，由于所得税是根据居民和企业的收入来计征的，同时所得税也难以实现税负转嫁（通过税收筹划进行转移不在此讨论范畴）。因此，在美国，税率高低的调整很容易直接体现在居民实际可支配收入的变化上，而受像物价等因素的干扰不是很明显。

但在中国，企业所得税和个人所得税占总税收的比重仅为 26％，其中个人所得税的比重为 6％，因此，所得税税率的降低对于居民经济福利的改善不是很明显，远远不及伴随通胀水涨船高的间接税影响。

这也就是为什么笔者会在上文提出那个疑问：仅仅靠局部的技术性税收要素的调整，是否能实现降低宏观税负的目标？答案显然是不行的。

从这个结论就带出另外一个话题，2011 年启动的"营改增"的税收改革是否能够实现决策层"减税"的目的呢？补充解释一句，"营改增"税收改革的核心内容，就是以前缴纳营业税的应税项目改为缴纳增值税，涉及的行业包括交通运输业和部分现代服务业等。打个比方，假定一件商品售价为100 元，其生产者在销售的时候，已经按照 100 元的售价缴纳了相应的税金，购买者如果再次销售这件商品，售价为 150 元，那么只需要对增值的 50元计算缴纳相应的税金，而不用按照售价 150 元来缴税（缴营业税的时候，则是要按照 150 元的售价缴税的）。而按照上文的分析，虽然对于某些行业而言，由原来的营业税改为增值税后，可能会相应降低该行业的实际税负，但从总体而言对于宏观税负影响不大。而且从 2011 年该项改革启动以来的实际数据也说明此点，2011 年营业税总额为 1.37 万亿元，占总税收的比重为 15.24％，到 2013 年营业税总额为 1.72 万亿元，同比增速为 9％，占总税收的比重升至 15.6%。

因此,笔者不仅觉得有关"营改增"实现降低税负的说法值得商榷,更想告诉大家的是,就当前中国的税收现状而言,仅仅靠技术性的修修补补,很难把 20%～30%的宏观税负降下来。如果要真的要降税负,恐怕还是要从包括税种设置、中央和地方收入划分等内容在内的税制结构入手,采取大动作,方能实现宏观税负的真正降低。但为什么自 1994 年分税制以后,中国税收制度的调整一直是在技术层面的小动作呢? 其中究竟还有哪些核心的矛盾对税改形成阻力呢?

中央和地方的博弈

既然仅仅靠技术性调整无法把目前偏高的宏观税负降下来,那为什么自 1994 年分税制以来,中国税收制度的调整却一直停留在技术层面的小动作呢? 其中究竟还有哪些核心的矛盾对税改形成阻力呢? 要解答这一疑问,就需要把视野拉回到 1994 年分税制改革的前后。

谈及 1994 年分税制,就一定要说一说 1993 年 6 月份的中央 6 号文(《中共中央、国务院关于当前经济情况和加强宏观调控的意见》中发〔1993〕6 号),即著名的以整顿财经秩序为核心的"16 条"。文件出台的背景是当时中国经济出现的过热势头,按照官方的说法,那时中国经济运行有六大矛盾:金融秩序混乱、投资和消费需求膨胀、财政困难、工业增速过快、外贸恶化、通货膨胀加速。随后时任国务院副总理的朱镕基分别于 7月 7 日的全国金融会议和 7 月 23 日的全国财政会议上,将当时整顿财经秩序工作概括为"一是整顿,二是改革,用改革的办法进行整顿,在整顿的基础上加快改革",也就是在那个时候,他代表决策层明确了 1994 年实行分税制改革,宣布彻底改变 1980 年以来施行的"划分收支,分级包干"的财政包干制。

分税制的改革初衷就是解决中央财政困难。

因为在原有的财政包干体制下，地方具有较宽的财政收支范围和较大的管理权限，相应地方筹集财政资金的积极性很高，同时当时中国的财政支出特征仍属于建设财政，因此财政资金是重要的投资建设资金来源（20世纪80年代，全社会固定投资的资金来源中，国家预算内资金比重平均在20％以上），相应在基建投资高速增长之下，财政收支一直处于赤字状态，而当时地方政府虽然会上缴中央一部分收入，但全国性的财政赤字压力始终集中在中央政府身上，而到20世纪90年初期，中央财政就已经出现了难以为继的困难。例如，1992年全国财政赤字为256亿元，其中191亿元为中央财政赤字（当年中央财政收支分别为980亿元和1171亿元）。由此当时就出现了中央财政向银行透支的现象（实际上就是变相地通过通货膨胀来解决赤字问题）；而在地方上，则出现了挪用财政资金放高利贷的乱象，可以说此点才是20世纪90年代初期中国财经秩序混乱的重要原因。不仅如此，中央财力的不断恶化已经影响到中央政府在宏观调控、国防、军队建设等方面的职能。正是为了解决这一问题，1994年分税制改革的实施应运而生，首要目的就是增加中央财力。关于此点，1993年朱镕基在广东座谈时说得很清楚，"**这次实行分税制的目的，是为了解决中央财政的困难……目前中央财政收入占全国财政收入的比重太低了**"（参见《朱镕基讲话实录》）。

分税制改革来自地方的阻力很大。

由于分税制的实际影响就是增加中央政府的财政收入，所以当时来自地方对于分税制将会削弱地方财政收入的质疑之声很大，为了顺利推进这次改革，朱镕基带队先后与广东、海南等省逐一谈判，在《朱镕基讲话实录》中曾记述当时朱镕基在广东座谈会时的讲话——"原来你们对这个方案的调整不太理解，主要是方案变动大，彼此没有及时交流，因而你们顾虑很大。通过三次'交锋'或者说三次交流……谢非、朱森林同志在同我们的几次座谈中，对于广东的利益是非常维护的，立场是非常坚定的，可以说是'寸权不让'、'寸利必争'。"这显示当年中央政府和地方政府在分税制改革的谈判是异常艰难的,以至于为了争得各地方政府的支持,将原定分税制的基数年由 1992 年改为 1993 年。受此影响,地方政府为了尽可能提高计算中央税收返还和转移支付的基数,1993 年地方财政收入的增速高达 35.5%。

分税制的改革之后,中央和地方的财政收支格局发生了改变。

伴随分税制下政府财政收入向中央的集中,另一个重要内容就是政府事权向地方的下放。1993 年之前,在全国财政收支中,中央和地方的比例关系大致均为 3∶7,对此财政收支结构,当年朱镕基就明确指出"中央财政在收入中应该占大部分、在支出中占小部分,这样他才有能力去调节地区之间的不平衡,才有能力去调控,这就是转移支付理论"。可以说,这一财政收支分配原则,从 1993 年一直延续至今(包括随后的所得税由地方税转为中央和地方的共享税、增值税征税范围的扩大均是为了提高中央财政收入的比重)。

截至 2007 年(金融危机爆发前),中央财政收入占全国财政收入的比重由 1993 年的 22% 升至 54%,中央财政支出占全国的比重由 1993 年的 32% 降至 23%,可见分税制之后中央和地方在财政收支中的结构上发生了深刻变化。在这种结构变化的背后,则是在财政预算内中央对地方的控制力不断提高,目前在满足地方财政支出的资金中,有 40% 是来自中央的转移支付,而在 2009 年的时候(启动一揽子经济刺激计划),这一比重曾一度高达 50% 左右。

实际上伴随中央和地方在财政收支结构上的变化,中央财政的日子是越来越好,但是地方财政的日子则每况愈下,况且分税制改革时,各地拥有较大的税收减免权也被逐渐上收到中央,这样无形中就会使得降低宏观税负的初衷,实际上变成了对地方财力的进一步弱化,同时地方政府所履行的政府职能并没有缩小。在此种视角下,也就能理解近年来出现的"土地财政""地方融资平台"等现象。

笔者曾经将中央和地方的关系做过一个比喻:中央和地方之间,中央希望地方是永不吃草的马儿，而地方总抱怨中央"总让马儿跑得快，但是不给草吃"，双方博弈下来，中央默许地方可以自己找草吃，地方就把主意打到了本属于私人田间地头的庄稼。现在庄户人不干了，把状告到中央，要赔偿，中央只能一边安抚庄稼户，一边告诫地方收敛。现在的问题是，对于地方的马儿来说，活还得干，草料怎么解决？想出一个办法：从庄户手里买地，然后再转手卖给庄户，中间的价差用来买草料。地方买地的钱从哪来——找中国人民银行，怎么卖地——找商业性金融机构和地产商，收回来的价差怎么处理——给中央提成。

故事讲到这儿，本来围绕税收的事情，已经延伸至中央和地方的财政关系上，而如果这一矛盾关系不解决，**仅仅靠技术性的调整一定很难将宏观税负降下来，因为无论是中央还是地方，都没有动力去真正削弱各自的财力。**而如何化解这一矛盾呢？可能需要另开一篇来专门讨论，因为讨论各级政府间的财政关系，还需要从更宽泛的政府与市场的关系入手才行。

鸟笼思维

前文中谈的几个问题，实际上是连在一起的一串问题：首先，目前中国宏观税负高且增幅快是不争的事实，由此带来的一个直接后果就是居民的实际经济福利受到负面影响。针对这种局面，中央政府一直在通过技术性调整进行修补，但正是因为修补是技术性，所以收效甚微，相应微观层面的民众对于自身的税负则颇有微词。为什么会形成这样的矛盾呢？根子在中央和地方的财政关系上，目前两者之间的关系已经由分税制前"财政收和支中地方均占大头"变为了"中央占财政收入大头，地方占财政支出大头，中央的转移支付平衡地方的财政收支差口"的局面。而在这一局面下，中央政府为了保证对地方的财政控制力和宏观调控力，不愿意削减自身的财收；地方由于财政支出压力以及经济业绩激励，更加不愿意削弱自身的财收，甚至还通过"土地"、"融资平台"等渠道来谋求预算外的资金补充。

以 2012 年数据为例,当年全国土地出让收入为 2.9 万亿元,新增融资平台融资额约有 1.5 万亿元,两项合计高达 4.4 万亿元,占当年地方财政收入的 72% 和地方财政支出的 41%。

由此,基本可以归纳出这样一条演变路径:**政府对于整个经济生活的"汲取",已经从对微观个体的经济行为和经济结果的征税,扩大到生产要素的供给(售卖土地),再进一步扩大到借助金融领域(平台类融资),现在甚至已经发展到通过担保、信托等隐蔽的方式直接参与金融活动。政府对整体经济生活的"汲取"渠道、模式的不断扩大,实际上暗含着当前中国经济运行中"看得见的手"的政府和"看不见的手"的市场之间关系的变化,"中国税事"一连串的问题的真正根源也在于此。**

而有关政府和市场关系的讨论,实际上已经汗牛充栋了,笔者实在也讲不出什么更宏大的理论,所以在这儿和大家聊一个有意思的话题,就是"宏观调控"一词究竟是如何进入中国政府视野的。

同西方已经拥有较为成熟的宏观调控体系不同,实际上"宏观调控"的字眼进入中国经济管理工作的视野仅仅是近二十多年的事情:在 1989 年的《政府工作报告》中"宏观调控"被首次提及,而在 1989 年至 2009 年间的历年《政府工作报告》中,除 1997 年的没有"宏观调控"字眼之外,其余年份"宏观调控"均被明确提及,而且从宏观调控在历年报告中所占篇幅的上升趋势,反映出伴随中国市场经济体制的不断完善,宏观调控在政府工作中的分量也日益增强,特别是 1996 年以后,报告已经开始通过明确的财政和货币的政策取向来向全社会表明政府在一定时期内的经济管理工作方向。由此可见,如果按照西方发达国家的成熟模版来套定中国的宏观调控,能够称为真正意义上的市场体制下政府对于经济运行的宏观调控,则是 1992 年之后的事情。

还有一个十分重要的事实:**西方的市场经济体制的建立是由商品经济萌芽而开始的顺向生长过程,而中国的市场经济体制的建立,无论从商品经济不发达的经济成长阶段看,还是从排斥市场机制的旧体制的运行来**

看,其建立以市场为配置资源的基础方式呈现出逆向的过程,与西方在处理政府和市场的关系相比,西方国家的政府是不断"进入",而中国则是政府逐渐"退出"。

因此西方教科书上的有关经济人假设并不能完全涵盖中国在市场经济体制确立之后政府和市场的真实关系,特别是中国的改革进程基本上是沿着"自上而下"推动式的路径来发展的。在中国计划经济时代,陈云曾提出的"鸟笼经济"的调控思维,最为适合这种变革路径,而且该思维也确实起到了关键性作用。因此,在随后的岁月里,该思维一直深深地植入到后来中国政府管理经济工作者的骨子里。

什么是鸟笼经济呢?

据曾经担任过陈云秘书的朱佳木回忆,1982年,陈云针对在搞活经济中出现的摆脱国家计划的倾向,提出了著名的"鸟"与"笼子"的比喻。实际上这个比喻最早由黄克诚提出,1982年黄克诚在向陈云反映走私、逃税以及乱上项目、乱涨价等经济犯罪猖獗和经济秩序混乱的情况时曾说:"要把经济搞活,不能再像过去那样搞死,但搞活不能没有秩序。这就好比一只鸟,不能捏在手里,捏在手里它就死了,要让它飞。但要让它在笼子里飞,否则它就飞跑了。"两个月后,陈云在听取宋平、柴树藩关于全国计划会议和当前经济情况的汇报时,就使用了这个比喻——"搞活经济是对的,但必须在计划的指导下搞活",核心意思就是在计划的笼子里,准许市场之鸟存在,同时他还强调了两点:(1)笼子大小要适当,但总要有个笼子;(2)所谓有计划,就是要按比例。问题不在于计划是不是指令性的,而在于是不是做到按比例。不按比例,经济有计划也会搞乱。

正是"鸟笼经济"思维为市场经济的初期确立打开一个口子,同时又为随后的政府管理者在执行上化解了政治风险。因为虽然市场的鸟飞进来了,但是由于有笼子,因而不需要太担心西方市场经济出现的那种无序混乱。但不可否认的是,由于此种思维在推行过程中阻力相对较小,进而也造成巨大的历史惯性和黏性,所以每当中国经济出现政府可以干预的缝隙时(但不一定是必需的),"鸟笼经济"的调控思维自然跃于纸上,而历次重大的经济危机更是给这种干预提供了最合理的支持。

而伴随2008年全球金融危机的爆发,不仅是中国,甚至全球都在被这种思维所主导。记得亚洲金融危机时西方国家给亚洲开出的药方,还是以自由主义为宗旨的华盛顿共识。而此次全球金融危机,以美欧为首的发达国家一方面大力实施政府的公共干预,另一方面则不断发出"勿让金融危机葬送资本主义"的感慨。

现在无论朝野上下还是庙堂内外,对于继续推进改革存在广泛的共识。而改革无非就是两个方面,一是生产力层面,二是制度层面。而政府和市场的关系无疑又是制度层面最为核心的内容,如果在生产力层面,中国需要涵盖生产技术突破、产业结构调整等内容的"熊彼特式的创造性增长",那么在制度层面则需要在宏观调控方面的"熊彼特式的创造性改良",即要对于长期占据我们心路的"鸟笼思维"进行一定程度的扬弃,要把由于中国市场经济发展的逆向过程所造就的政府"先入为主"的思维,逐渐变为"量力而行"和"灵活调整"。

至此,笔者想用自己长期思索的一句话作为"中国税事"的小结:**在政府的眼中,市场究竟是提线木偶,身上系着无数根政府可以随时拎起来的线;还是一个淘气的孩子,帮助其健康成长,只需对其偶尔的任性进行纠正?** 说到这儿,笔者不禁想起了2015年3月份参加第1期"CF40·孙冶方悦读会",亲耳听到易纲先生用来结尾的一句话:**"你相信市场经济吗?你相信到什么程度?"**

事外话:减税! 全面减税!

———————————

本文于2015年4月发表于《经济观察报》,本文的背景是:2014年至今,扭转财政收入增长乏力的局面,始终是各级财税部门的头等大事,但全国的税收增速依然是从过去的两位数增

速，一路下滑至不到 5％ 的水平。而经济转型期下的增速下
行，又要求财政政策必须积极，如何在收入不足的前提下，发挥
财政的积极呢？本文就是在回答这个问题。

积极财政面临"巧妇难为无米之炊"的难题

2015 年 4 月 16 日，财政部公布了一季度财政收支的情况，截至 2015
年 3 月底，财政收入和支出的累计同比增速分别为 3.9％ 和 7.8％，均属历
史罕见低位，尤其是财政收入增速更是 2009 年第一季度以来的最低水平。
实际上近两年来，财政收入增长乏力俨然已经成为财税部门面临的最大问
题，以至于他们甘愿冒天下之大不韪，在物价部门下调油价的时候，连续上
调成品油消费税率（就是俗称的燃油税率），原因何在？ 实在是因为这块收
入不是一个小数目，虽然有关燃油税的收入数据官方并没有公布，但依然
能通过成品油的消费量来进行大致估算：2014 年燃油税收入大数在 3000
亿元左右，在税收总额中的占比约在 2.5％ 左右；而最近三次上调税率之
后，我预计今年的燃油税收入将升至 5000 亿元左右，收入占比也会升至
4％左右。

即便财税部门想尽了办法增收，但自 2013 年起，全国财政收入增速还
是降至个位数。如果与中国首次实施积极财政政策期间（1997 年至 2004
年，亚洲金融危机）财政收入增速相比，同样是危机爆发的五年后，这一次
积极财政的收入增长曲线走出了一条截然不同的轨迹。

收入增长的乏力，间接地也导致了本轮宏观调控中的财政支出表现不
是很积极，即"巧妇难为无米之炊"。我比较了两次积极财政期间，财政支
出和财政收入的比值，这个比值越大，意味着政府的财政支出力度越强。
在 1997 年至 2004 年期间，该比值均值为 1.1，最高曾触及 1.2 左右，但
2008 年至今，这一比值的均值仅为 1.05，由此可见本轮财政支出的力度要
远低于上一轮。

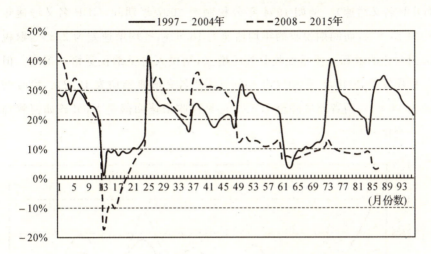

数据来源:财政部、笔者计算

两次积极财政政策期间全国财政收入增速比较

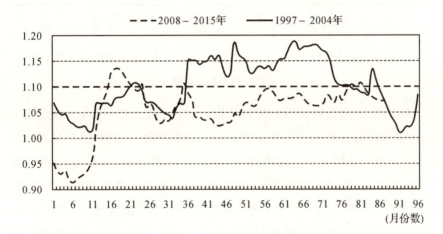

数据来源:财政部、笔者计算

两次积极财政政策期间全国财政支出/财政收入比较

财政收入增长乏力的原因何在?

在财税部门好年景的时候,在其向社会做解释的诸多财税问题之中,一个持续被关注的话题就是为什么中国的税收收入连续超过经济增速

（GDP 名义增速）。例如 1994 年分税制至 2007 年期间，GDP 名义增速年均为 15.8％，而同期税收的年均增速为 18.6％，平均增速差为 2.8％，财税部门对此的解释主要是税收监管的增强，纳税人自觉纳税觉悟的提高。但危机爆发的 2008 年至 2014 年期间，GDP 名义增速年均为 13.2％，税收增速为 14.6％，两者差值降至 1.6％，可见税收增速回落更大，又该如何解释这一变化呢？

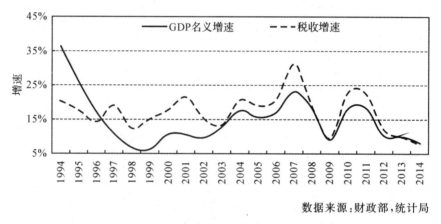

数据来源：财政部、统计局

经济增速和税收增速

有关此点，需要从我国的税种结构入手。还是以 1994 年分税制为起点，至今我国的税收依然是以从价税为主的税种收入结构，从价税的一个显著特点就是伴随着物价的变化，税收呈现"水涨船高"的趋势，即每当通胀高的时候，往往税收增速也快，通胀水平低的时候，税收增速往往也低。例如 2007 年中国的商品零售价格和居民消费价格的涨幅均为 5.9％，GDP平减指数（更广义的通胀指标）更是高达 8.55％，当年税收的增速则高达31.06％，为 1994 年分税制改革以来税收增速最高的年份；而 2009 年各类通胀指标均为负增长，同年的税收增速仅为 9.77％，成为 1994 年分税制改革以来税收增速首次低于两位数的年份。

但近年来，事情已经发生了变化。比较两次积极财政实施期间的物价涨幅,2008 年至今的物价涨幅并没有显著低于 1997 年至 2004 年间的水平,即本轮危机以来税收没有跟随物价"水涨船高"。

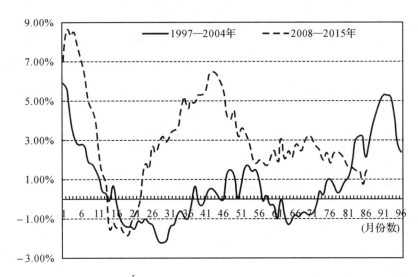

数据来源:统计局、笔者计算

两次积极财政政策期间 CPI 增幅比较

其背后的原因就是我们的税收收入结构变了:1994 年增值税、消费税和营业税三税的收入占比为 68%;而在 2013 年之后,三税收入占比已经降至 50%以下,相应所得税的收入比重则由 11%升至 27%。由此,物价对于税收收入的直接影响趋弱,或者换句话说就是我们的宏观税基已经发生了深刻变化,我想此点变化也是中国经济"新常态"表现之一,因为此变化是趋势性的。

积极财政如何"加力增效"

如果上述有关税收收入变化的分析靠谱,那么接下来就自然产生了一个问题:财政政策应该如何积极?

虽然从理论上而言,收入增长的乏力制约了政府财政支出的直接空间,但是政府可以通过扩大赤字规模来维持积极财政的支出力度,中国政

数据来源：财政部、笔者计算

从价税的收入占比变化趋势

府确实也是这么做的。例如 2015 年全国人民代表大会审议通过的《关于 2014 年中央和地方预算执行情况与 2015 年中央和地方预算草案的报告》明确指出，2015 年全国财政赤字 16200 亿元，比 2014 年增加 2700 亿元，赤字占 GDP 的比重约 2.3％，比 2014 年提高 0.2 个百分点。但从中国整体债务水平和各级政府的债务情况而言，财税部门对于赤字规模的扩张空间实际上是有限的，因为财政赤字本质上是对未来年度财政支出空间的提前占用。

那么财政支出端捉襟见肘，经济运行又需要财政积极，如此两难的局面怎么克服？问题的解决就自然落到了收入端。

而我们当前的积极财政政策重点也是要支持实体经济发展，让中国经济顺利地爬坡过坎，那么实施全面的减税政策就成为题中应有之义。虽然在 2015 年全国人民代表大会审议通过的《政府工作报告》还是强调"实行结构性减税和普遍性降费，加强对实体经济的支持"，但目前的减税力度显然是不足的，如果尽可能利用有限的财政政策空间，极大地发挥财税政策"四两拨千斤"的优势，全面减税应尽快进入决策视野当中，并且尽快落地。

中国汇事

2015 年 5 月 26 日，国际货币基金组织（IMF）代表团在北京结束与中国的 2015 年度第四条款磋商（Article IV Consultation）讨论后发表声明称：当前人民币币值不再被低估，而就在 3 月份 IMF 总裁拉加德已经明确表态说人民币加入 SDR 只是时间问题。国际货币基金组织这一表态无疑对于人民币而言是无比关键和重要的，要知道近些年有关人民币汇率是否存在低估，始终是我们和外边谈判时需要争辩和解释的一个热点。例如，自 2009 年中美启动了战略与经济对话以来，至今已经进行了 7 轮对话，但在每一次对话中，有关人民币汇率是否被低估始终是双方争议的一个重要话题。当然在与外方争辩和解释的同时，我们人民币也一直在补做家庭作业，目的无非就是想着有朝一日，人民币成为主要的国际货币（官方称之为人民币国际化）。

　　然而人民币汇率的故事绝不仅仅就是这些。

　　如果回顾我们的历史，可以发现人民币汇率在过去的二十年走出了一个轮回。故事的开端发生在 1994 年人民币一次性大幅贬值，当时人民币兑美元的汇价由 5.76 一举贬至 8.62，贬幅高达 33％，以"双顺差"为主要特征的中国国际收支格局也是从那个时候逐渐确立起来的。二十年后，2013 年人民币兑美元的汇价再次回到 6 附近，即差不多用了二十年时间才消化了 1994 年初的那次大幅贬值，相应经常账余额①占 GDP 的比重则由 1993 年的 -2％ 变成了 2％（2007 年该指标曾一度升至 10％）。国际通行的衡量汇率是否均衡的标准就是经常账余额占 GDP 的比重处于正负 4％ 之间，人民币兑美元的汇价花了近二十年时间，回归到当初的 6，国际收支用同样的时间重归均衡。除此之外，人民币汇率还有很多的故事值得我们细品，因为货币国际化的目标距离我们已经越来越近了。

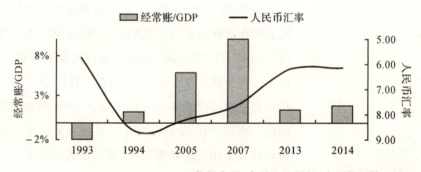

数据来源：中国人民银行、中国外汇管理局

人民币汇率的二十年轮回

---

　　① 经常账户余额指贸易顺差，是 GDP 的一部分，它占 GDP 的比重说明了经济体对出口的依存度。

正在进行的第三次突围战

从 2005 年人民币汇率改革以来①，有关人民币汇率的讨论就一直是海内外各界热议的话题，特别是包括美国财政部、国际货币基金组织等机构每年都会对人民币汇率进行评估，而每每这个时候人民币兑美元却会呈现出格外的升值强势，为什么会这样呢？这里面有一个非常重要的原因是，这些年以欧美国家为首的中国外贸主要对手国家，总有一种倾向认为，通过形成在中国政府刻意干预下人民币被低估的共识，进而使得一些国际上通行的游戏规则在适用于中国时大打折扣，显然这不利于中国经济国际化进程的推进，所以这些年我们一直在补做家庭作业。截至 2013 年年底，人民币兑美元的汇率为 6.05，较 2005 年 7 月 22 日汇改之前的 8.27，已经累计升值了 36%，这意味着仅仅人民币汇率升值这一项，就削弱了中国出口商品 40% 左右的价格优势（相当于变相涨价了 40%）。对此，亦有不少观点认为，针对中国经济增速的下行，人民币需要通过贬值来促进出口，因为与过去两位数增速相比，出口增速已近两年持续处于个位数增长的状态。但为什么中国当局并未因此做出调整呢？笔者想在"中国汇事"的第一节里，和大家聊聊这个话题，即人民币汇率改革的真正缘起是什么，真的是仅仅来自外部压力吗？

市场化给中国的三次大考

改革开放始自 20 世纪 80 年代初期，观察之后至今的经济数据，基本存在一个这样的经验规律，即**平均每 10 年，中国经济就要经受一次大考（经济增长面临巨大困难，增速出现大幅快速下滑），而 2008 年爆发的全球金**

---

① 2005 年 3 月份全国"两会"期间，时任国家总理温家宝在记者招待会上，曾言人民币汇率改革会"出其不意"。2005 年 7 月 21 日，中国人民银行启动人民币汇率形成机制改革，实行以市场供求为基础、参考一篮子货币进行调节、有管理的浮动汇率制度。

融危机，则是中国面临的第三次大考。回顾历史，不难发现在前两次的考试中，中国不仅通过对外突围的方式成功通过了考试，而且紧随其后均迎来了一轮经济高速增长，此点对于当前时处转型关键期的中国经济无疑是最具借鉴意义的。

首次考试和对外的突围之举

1989 年，外围是柏林墙倒塌后的东西德合并，苏东解体后的社会主义华沙阵营的瓦解；内部则是由于"价格闯关"、供给短缺等因素引发了新中国历史上最为严重的通货膨胀（CPI 涨幅由 1987 年的 7.3％跃升至 1988 年的 18.8％），中国经济随之出现巨幅的下滑，1990 年 GDP 增速降至 3.8％。要知道在 1978 年至 1988 年期间，中国 GDP 年均增速是 10.25％，可见中国经济出现了改革开放以来最严重的下滑，甚至可以用"断崖式下滑"来形容。如何扭转这一经济预势就成为当时中国决策层的首要工作，这才有了影响至今总设计师邓小平的"南方谈话"，其中"两个不等于"（计划经济不等于社会主义，资本主义也有计划；市场经济不等于资本主义，社会主义也有市场）和"三个有利于"（有利于发展社会主义社会生产力，有利于增强社会主义国家的综合国力，有利于提高人民的生活水平）的论断彻底解除了束缚经济领域的意识形态枷锁。随后的"十四大"正式确立市场经济体制，并由此掀起引进外资的改革开放第二次浪潮，外商直接投资数额（FDI）和注册企业数均呈现井喷式的增长。从 1984 年 FDI 进入中国以来，至 1991 年累计额仅为 222 亿美元，而 1992 年新增 FDI 就达 110 亿美元，并在此后呈现加速增长态势，进而推动中国经济重新回归增长轨道。1992 年至 1996 年间，中国 GDP 年平均增长率升至 12.44％，GDP 总量由 2 万亿升至 7 万亿，中国经济出现了改革以来第一次连续五年超过两位数增长的局面，更重要的是长期困扰中国经济总量短缺的状态被彻底扭转，自此总量矛盾就不再是中国经济的主要矛盾。

第二次考试及对外的突围之举

1997 年亚洲金融危机爆发，恰逢中国经济在经过三年调整后，刚刚实现经济软着陆①。中国正处在内外经济协调对接的关键时期，出于战略上的考虑，中国采取了让渡本国外需的策略，宣布人民币汇率不贬值。这实际上也是对 1994 年人民币主动贬值的外交对冲手段，因为当年人民币汇率制度由官方牌价与外汇调剂价格并存的双轨制变为单一、有管理的浮动汇率制，而且人民币汇率还进行了一次性 33％的贬值，美元兑人民币汇价由 5.76 调整至 8.62，此后以"双顺差"（国际收支经常项目、资本和金融项目都呈现顺差）为主要特征的中国国际收支格局也是从那个时候逐渐确立起来的。然而受此影响，中国经济在 1998 年至 2002 年间出现了第一次"软衰退"，期间 GDP 年均增速由前期的 10％以上降至 8％。为此，中国决策层再次选择了外部突围的策略，2001 年成功地加入 WTO，从而推动中国的产业链同海外市场完全对接，在出口的强力拉动之下，中国经济再一次回归高速增长平台。2003 年至 2007 年间，中国第二次实现了连续五年超过两位数的高增长，GDP 平均增速达 12％，GDP 总量由 10 万亿元升至 26 万亿元，中国出口额占全球的比重由不足 5％快速升至 10％（出口额翻了一番）。

中国人历来有一个辩证思维：危机同样也是机会，正所谓"有机"也才会"有遇"。而市场化对中国进行的两次考试，更是用实践证明了此点。第一次危机，是在总量短缺环境下发生的，触发因素恰恰是最初决策层想通过市场化改革来解决短缺矛盾，但价格闯关的失败却把短缺经济下的隐形通货膨胀显露出来。没办法，只能寻求外援——招商引资，实质是让渡一部分中国经济福利来保证外部投资者高回报，结果是短缺矛盾一举解决，并且是以"润物细无声"的方式，外部资本和中国的劳动力实现无缝对接。第二次危机，短缺问题消失了，接踵而至的就是市场问题，实际上就是中国的产能如何输出的问题，还是找外援——WTO，中国的工业产能和外部市场无缝对接，当然代价是进一步让渡了部分经济领域的权利，同样还是"润

---

① 经济软着陆，指国民经济的运行经过一段过度扩张之后，平稳地回落到适度增长区间。

物细无声"。这两次突围告诉我们，市场化的考题，最终还是要依靠市场化的办法来解决。

好了，说到这，终于能够回到开始说的那个问题：人民币汇率改革的真正缘起究竟是什么，真的是仅仅来自外部压力吗？

笔者认为，2005 年 7 月份启动的人民币汇率改革，是中国吹响了第三次对外突围的号角。因为继引资入内、输出产能之后，中国经济接下来面临的问题就是如何提升在全球的大国地位，这绝不仅仅是口号，而是实实际际的问题。因为便宜的劳动力、几乎没有任何环保压力的投资环境以及包括税收减免、开发立项等政策优惠，均非长久之计，如何利用这些阶段性的积极因素，提升中国经济的软实力才是最重要的，而其中人民币在全球中的地位则是重要的一环。同时抛开本轮危机的外部冲击影响，实际上2004 年各项通胀数据的突然升高，已经预示着中国经济正在经受第三次考验。2008 年金融危机则是催化了考验的推进速度，而且如果说第一次考验主因在内，第二次考验主因在外，那么这一次考验主因则是内外叠加（外有金融危机的冲击，内有结构转型的需要），所以来得更凶险，解决起来更困难。当然，如果解决得当的话，对中国经济将是又一次史无前例的巨大机遇。2007 年温家宝在《关于社会主义初级阶段的历史任务和我国对外政策的几个问题》中写道："21 世纪头二十年，是我国必须紧紧抓住并且可以大有作为的重要战略机遇期。"

作家柳青在《创业史》里说得好："人生的道路是漫长的，但紧要处只有几步。"国家命运如人的命运一样，紧要之处也只有几步。**面对第三次异常复杂的考验，对外突围的策略又一次担当重任，不过这一次，中国的选择是，继商品输出之后，接下来需要输出人民币，进而逐渐建立保护我们现有的和未来的海外利益的平台。用官方的话讲，就是让人民币在国家货币体系中的地位，与中国在全球经济中的地位匹配起来。**

但在输出之前，必须消除国际上对于中国市场化机制的质疑，其中人民币汇率形成机制是否是市场化的问题，就成为首当其冲的一环，笔者认为这才是 2005 年 7 月份启动人民币汇率改革的初衷。

接下来大家熟悉的一幕上演了，2005 年 7 月 21 日，中国人民银行"出其不意"地宣布，"开始实行以市场供求为基础、参考一篮子货币进行调节、有管理的浮动汇率制度"，从而将 1994 年汇率并轨以来的汇率制度改革又一次推入到一个全新的里程碑阶段。而英国《银行家》杂志评选时任中国人民银行行长的周小川为 2006 年度"最佳亚洲央行行长"。

然而自此，有关人民币汇率变动究竟对中国经济运行产生什么影响，特别是外贸出口行业将会受到何种冲击，以及中国人民银行货币政策的有效性和主动性是否会被进一步削弱等，各种争论不绝于耳，而对于人民币如何深入地参与国际货币体系之中，使之能同中国在全球经济中地位相称，则是此次经济危机带给大家的新思考。与此同时，此次经济危机又一次把维持近四十年的美元体系推到了风口浪尖，虽然此前曾有日元和欧元向美元发起挑战（至今也没有放弃），这一次由于中国经济的异军突起，使得大家把更多的厚望给予了人民币。但人民币在随后道路上却并非一帆风顺，甚至还出现了人民币汇率改革注定要失败的声音，接下来的故事会是怎样呢？

人民币汇改的快慢之争

当下中国正在进行以人民币汇率改革为突破口的第三次突围战（官方语言就是中国正处于重要的战略机遇期），至今已有十年。但从 2005 年 7 月 21 日汇率改革启动至今，有关人民币汇率改革的各种争议仍未停止，其中对人民币兑美元升值步伐是快还是慢的争论尤为突出。

例如，有观点认为，人民币汇率改革应采取一次大幅升值的方式彻底扭转人民币汇率低估的局面，并快速实现资源在贸易品和非贸易品之间的重新配置（实际上就是调整出口行业与非出口行业的利益格局），进而在短时间内减少贸易逆差，纠正中国国际收支不平衡的局面（经济结构调整的重要内容之一),提升中国在与贸易对手谈判中的主动性(长期以来,中国在对外贸易谈判中,人民币汇率低估总是被我们的贸易对手所质疑);而另一观点则认为,在内部其他要素价格的市场化改革完成之前(包括利率市场化、劳动力市场、土地要素和其他资源要素市场化改革等),人民币汇率升值步伐应采取更加谨慎的态度,继续保证在一定时期内中国的出口优势,从而为中国经济结构的调整腾挪出足够的空间。

不可否认,上述争论除了关于人民币汇率升值节奏存在分歧外,实际上有一个共通之处,即**汇率改革作为中国资金要素价格改革的重要一环(另一环是利率市场化改革),其最终目标就是纠正中国国际收支的不平衡,进而促进经济结构调整**,更重要的是为人民币最终真正成为国际化货币奠定基础。

那么2005年7月份启动改革以来,人民币汇率的实际变化情况又是如何呢?

2005年至2013年间,以中国人民银行公布的中间价①计算,人民币兑美元年升值幅度依次为:2.56%、3.35%、6.90%、6.88%、0.09%、3.10%、5.11%、0.25%、3.09%,而且中国人民银行主导的人民币汇率政策也并非是一成不变的。例如在2005年至2008年期间(危机前),采取的就是快速升值的汇率政策,三年多时间人民币汇率累计升值了20%左右;在本次全球金融危机爆发初期的2009年和欧债危机最严重的2012年,则采取人民币暂时性盯住美元的汇率政策;而在2012年4月至9月间、2014年前5个月、2014年11月至2015年2月,人民币汇率先后三次呈现出阶段性贬值的局面。

———————————

① 2005年7月21日人民币汇率形成机制改革实施后,中国人民银行于每个工作日闭市后公布当日银行间外汇市场美元等交易货币对人民币汇率的收盘价,作为下一个工作日该货币对人民币交易的中间价格。自2006年1月4日起,中国人民银行授权中国外汇交易中心于每个工作日上午9时15分对外公布当日人民币对美元、欧元、日元和港币汇率中间价,作为当日银行间即期外汇市场(含OTC方式和撮合方式)以及银行柜台交易汇率的中间价。

　　从 2005 年 7 月至 2014 年 8 月,人民币汇率改革整整走过了九年的时间,人民币兑美元的中间价由 2005 年 7 月 21 日 8.2765 升至 6.1647,累计升幅达 34％,同期美元指数则是由 89 降至 82.7,即九年间累计贬值了 7％。如果剔除美元自身贬值的因素进行简单推算,九年间人民币汇率的实际累计升幅已接近 40％,即自 2005 年 7 月汇率改革启动至今,人民币汇率实际升值幅度为 40％,大体和同期国际清算银行按照贸易权重估算的人民币实际有效汇率[①] 37％的累计升幅相当。有意思的是,在 2005 年 7 月份汇率改革之前,国际货币基金组织(IMF)对人民币汇率的测算结果,就是低估了 40％。

　　可见,从人民币汇率的实际变化路径来看,中国的货币当局采取了一种折中的办法(摸着石头过河),但在此期间还是有几个有意思的地方。

　　一,二十年的汇率轮回。中国曾在 1994 年采取过人民币一次性大幅贬值的汇率政策,人民币兑美元的汇价由 5.76 一举贬至 8.62,贬幅高达 33％,而此后的"双顺差"为主要特征的中国国际收支格局也是从那个时候逐渐确立起来的。而在 1993 年,中国经常账余额占 GDP 的比重为 -2％。二十年后,2013 年人民币兑美元的汇价再次回到 6 附近,即差不多用了二十年时间才消化了 1994 年初的那次大幅贬值,相应经常账余额占 GDP 的比重则变成了 2％,按照国际通行的衡量汇率是否均衡的标准就是经常账余额占 GDP 的比重在正负 4％之间。人民币兑美元的汇价花了近二十年时间,回归到当初的 6,国际收支用同样的时间重归均衡,这是巧合吗?

　　二,货币供给机制的十年轮回。伴随人民币汇率改革的推进,近年来在中国金融领域出现了一个新的名词——外汇占款[②],即在"双顺差"的格

---

　　① 有效汇率是一种加权平均汇率,通常以对外贸易比重为权数。有效汇率是一个非常重要的经济指标,通常被用于度量一个国家贸易商品的国际竞争力,也被用于研究货币危机的预警指标,还被用于研究一个国家相对于另一个国家居民生活水平的高低。

　　② 外汇占款(funds outstanding for foreign exchange)是指受资国的中央银行收购外汇资产而相应投放的本国货币。

局下，每从外部流入中国 1 美元，中国货币当局就需要按照汇率时价被动投放相应的人民币。更为重要的是，这一变化引发了中国的货币供给机制的逆转：由过去外生供给（中国人民银行可以主动控制的货币投放量）变为了内生供给（中国人民银行被动投放货币，随后再通过多种手段回笼货币）。例如，在 2005 年之前，外汇占款占广义货币供给（M2）的比重基本在 25％以下，即在货币供给中，中国人民银行不能主动控制的因素不超过四分之一，而到了 2005 年 4 月份，这一比重已经跃升至 65％，由此也带了中国"出其不意"的汇率改革。而在汇率改革九年之后，外汇占款占广义货币供给（M2）的比重再次回落至 25％以下，而中国的货币供给机制则由内生回归至外生。这一变化也是巧合吗？

三，低汇率政策与人口红利的叠加。自 20 世纪 70 年代以来，中国曾经出现过两次人口红利集中释放期（均为十二年）。第一次出现在 1977—1988 年期间，适龄劳动力人口比重由 57％快速提升至 66％，平均每年增幅 0.75％，红利效果主要体现为内部工业产能的扩张；第二次出现在 1999—2010 年期间，适龄劳动力人口比重由 67％快速提升至 74％，平均每年增幅 0.6％，红利效果主要体现在出口对中国经济的贡献，而这一时期恰好是人民币汇率低估阶段。1994 年人民币汇率一次性贬值 30％以来，除了亚洲金融危机和网络泡沫破灭期间，中国的出口年增长率基本均在 25％以上。而到了 2012 年，中国劳动力市场发生拐点性变化，统计局数据显示，当年全国劳动年龄人口首次下降，绝对数减少了 345 万人，同时中国出口增速回落至 10％以下，人民币汇率多次开始出现阶段贬值的局面。这一变化也是巧合吗？

上面的三个变化，莫非真是巧合？笔者不以为然，恰恰是这三个"巧合"，揭示出此前中国经济高速增长的部分原因和随之而来的问题，相应地导致了中国汇率政策必须调整。此点才是理解人民币汇率改革的真经之所在，也只有理解了这三个"巧合"，才能跳出人民币升值快慢的"形而上"的争论。

那么人民币汇率改革的真经究竟是什么？笔者把它总结为三个"一"——

一个大局：汇率改革必须服从中国经济发展的大局，而且这个发展在一定程度上仍然有赶超的味道，由此就决定了人民币汇率的升值步伐是善变的。当经济强劲或者说外需旺盛的时候，步伐就快一些；经济虚弱或外需乏力时，步子就慢一些，甚至还暂时性回撤。目的只有一个，在经济转型之前，保证汇率改革不对经济运行产生大的冲击，所以在汇率改革初期，出口不仅没有下滑，反而增长态势不错。

一个优势：汇率改革对于中国的人口红利不形成消减的作用，而是起到助推的作用。即将人口红利的集中释放效用进一步放大，所以就出现借助汇率升值，降低能源、大宗进口成本，提高这些要素与国内劳动力要素的结合度。

一个准备：由于人口结构变化是一个长期变化，同时也是一个不可逆的过程，如何在红利因素衰减之前，**完成人民币汇价向均衡的修正，以便为后期新的红利因素形成和释放做好准备**（人民币国际化）。

而纵观2005年至今人民币汇率改革走过的进程，可以说上述的三个"一"目的基本已经实现了，那么接下来，相应第三次突围战自然也就进入到攻坚阶段，但由此也带来了新的争论。

人民币的日元之鉴

如前文所言，经过二十年的轮回，人民币汇率重新回到了均衡的水平，而在此期间有关未来人民币国际化的准备工作基本也相继就绪——全球第二的经济总量、近4万亿的外汇储备、相对完备的金融监管、比较健康的金融机构、不断发展的金融市场。但历史经验告诉我们，条件具备了只能说明有成功的可能，究竟最终能否成功，还要看天时、地利、人和。所以在本节，笔者想和大家聊聊日元，以其作为人民币未来国际化道路上可兹借鉴的样板。

首先，先交代一下，笔者为什么举日元这个例子，主要是因为中国和日本有着太多相似之处：经济发展策略上都采取了出口导向型的发展思路以推进自身工业化进程；贸易对手都是以美国为主要市场，相应又先后成为美国最大的债权人；发展结果都是作为亚洲的主要经济体，创造了持续多年高速增长的经济奇迹；结构调整方面均是以汇率改革作为先行军；文化上都是典型的亚洲文化，例如天然的高储蓄习惯……所以日本当年的路径对于中国而言，有着无可取代的样板作用。

这里笔者还想说一下自己这些年的一个感受，就是在观察经济运行的时候，尤其是做比较的时候，有一个十分有意思的地方：**不同的经济体表现出相似的一些经济现象，虽然其背后的经济逻辑不尽一致，但经济实际的发展往往又是按照"形而上"的路径进行的**。因此，貌似没有直接关联的一些经济经验数据规律，往往反而成为我们进行理论推演的依据，因为经济分析无法采用实验室的实验论证法，由此经济历史就成为实验论证的一个替代，即历史总是惊人地相似。

例如，1985 年 9 月 22 日，美、日、德、英、法五国财长和央行行长聚会纽约的广场饭店，达成了"广场协议"——五国联手协调行动，促使美元贬值，并且实行自由兑换制。而此协议签订 7 年后，日本却迎来了长达 12 年的经济萧条(1991—2002)，而且至今也未能完全走出来。笔者曾在和朋友的聊天中，这样形容日本经济：日本就像是得了更年期综合征，哪儿都没大毛病，但哪儿都不舒服。

回过头来，再观察 2005 年 7 月份人民币汇率改革以来的中国，似乎日本当年的路径又在重演：例如，两国均在本国货币快速升值的两年后，出现了物价上涨；伴随汇率的快速升值，均出现了以股市和房地产为首的各类资产泡沫；期间两国的金融资产均出现了大幅增加；两国的出口增速均没有因汇率升值而立即出现大幅回落，只是在几年后才出现下降；期间在两国的宏观调控中，货币政策的分量被提升到史无前例的地位；在经历了一轮明显的通货膨胀之后，通货紧缩的压力逐渐成为制约经济运行的主要矛

盾(自 2012 年 3 月份以来,中国的 PPI 已经近四年负增长);更为重要的是,
两国均是在汇率政策变化的五年后,人口红利因素出现了拐点变化(1990
年日本适龄劳动力人口比重开始触顶回落,中国则是在 2010 年出现拐
点)。

正如托尔斯泰在《安娜·卡列尼娜》中所言,"幸福的家庭总是相似的,
不幸的家庭各有各的不幸",如果以汇率制度变化为起点,中日两国有着太
多的相似之处。但更为重要的一点是,日本这个曾经的奇迹创造者经历超
过十年的经济萧条,至今也没有完全从阴霾中走出去,那么中国是不是也
要经历这一痛苦呢? 笔者想,这才是大家更为关切的事情。

那么我们再看看,日本在萧条之前,其经济状况又是怎样? 截至 1990
年,日本已基本完成了工业化,经济结构中投资比重已降至 30% 以下,城镇
化率已达到 77%,人均 GDP 近 2.5 万美元,同时日本已经形成了全体就业
策略支持下的私有化社会保障的福利社会。因此,才出现日本经济难受
(经济竞争力下降),但日本国民不难受(福利没有大损害)的稳定局面。

而中国的情况又如何呢? 截至 2013 年,中国尚处于工业化进程中,经
济结构中投资比重仍接近 50%,城镇化率虽已达到 53%,但仍低于世界平
均水平,人均 GDP 近 7000 美元,老龄化程度已经接近 10%(65 岁以上人口
比重),但涵盖就业、教育、医疗和养老等内容的社会保障体系仍不健全,并
没有实现全覆盖。因此,一旦宏观经济难受(经济增速下滑、经济竞争力下
降),国民的福利必将受到直接影响。

经过比较,不用笔者多说,**当前中国的处境远比当年的日本要差。当
然你可以说,差距的存在恰恰就是中国发展的潜力空间所在,但是如何激
发潜力,恐怕不是一件简单的事情。**正如前面两节所说,人民币国际化是
中国正在进行的第三次突围战,而且用官方的话讲,自 2005 年以来,有关
人民币国际化的家庭作业,我们补做得差不多了,外国人也不太敢拿汇率
低估说事了。但是**不可否认的是,汇率制度改革除了这些有利因素之外,
还有一个最不能忽视的变化就是,中国汇率风险的承担机制也已经完全私**

有化了，即货币当局虽然还会干预汇率价格，但更多的是出于国家金融稳定的考虑，至于说汇率波动带来的风险则完全由市场参与者自身承担（此前是由货币当局通过汇率干预来承担的），而这一变化无疑会增加金融环境的复杂性，但这又是人民币国际化必须经历的考验，市场参与者必须学会应对波动性，并且从中收益。现在，人民币的资本项目还没有完全开放，但是作为国际化进程的必要条件，人民币资本项目开放是不可逾越的一环，而一旦开放，那么意味着国内微观经济体在汇率方面的遮体泳衣将又被拿掉一件，届时是不是会有众多裸泳者呢？笔者不知道，但仅从 2014 年一季度和 2015 年一季度人民币出现阶段性贬值期间的情况而言，我们已经能够看到一些人确实是在裸泳，可见货币当局所言的家庭作业，我们还有未完成部分。

本次金融危机至 2015 年已经走过七个年头，美国人的修复工作已经完成，并且准备转动风帆，而无论你承认不承认，美国仍然是船长，如今船长要转舵了，作为都怀揣着"大副梦"的船员们，又会采取何种跟进策略呢？况且回顾历史，每一次金融危机都是要走完三部曲，才算真正结束：微观实体的信用危机——国家的主权危机——世界货币格局的变化。而本轮危机毫无疑问已经行进至第三阶段，人民币在这一新格局确立之前，又该何去何从呢？别忘了我们也是怀揣着"大副梦"的，况且在人民币前面还有日元这样的一个样板摆在眼前，开弓没有回头箭，接下来的路究竟该怎么走？

人民币国际化的路线图

人民币国际化是中国经济自改革开放以来的第三次重大突围，开弓没有回头箭。伴随人民币汇率日渐接近均衡水平（当然主要是对美元的比价），接下来人民币的国际化之路怎么走，实实在在是个战略选择和战术执行的问题。而 20 世纪后期日元的教训则不断提醒我们，一国货币国际化路径的选择是十分重要的，一旦失败，那么其产生的后果是难以估量的，日本为此付出了"失落的十年"代价。恐怕这也是相当一部分学院派的人士始终对于此次人民币国际化的路径持质疑态度的原因所在。例如,余永定先生就鲜明地指出:目前人民币国际化推进过程中存在着一个资本项目自由化时序错误的问题,不应该把完成资本项目自由化放在过于优先位置上。

2014年10月,中国人民银行召开了"跨境人民币业务五周年座谈会",实际上这次会议就是对已经推进五年的人民币国际化的一个阶段性总结(从2009年7月国务院批准开展跨境贸易人民币结算试点开始),相应一些有关人民币国际化的数据也得以被官方首次披露,笔者将这些数据简单归纳为"四个输出、两构建":

人民币贸易通道的输出——目前人民币已是我国第二大跨境支付货币,占全部本外币跨境收支的比重已接近25%,货物贸易进出口的人民币结算比重则超过15%。

人民币储备功能的输出——一些央行或货币当局已经或者准备将人民币纳入其外汇储备,人民币已成为第七大储备货币。

人民币金融通道的输出——中国人民银行先后与26个境外央行或货币当局签署双边本币互换协议,总额度近2.9万亿元。

人民币资产的输出——已有166家境外机构获准进入银行间债券市场,81家境外机构获得RQFII①试点资格。

人民币离岸市场的构建——在香港、新加坡、伦敦、台湾等地的人民币离岸市场②初具规模,估计离岸市场的人民币存款已接近2万亿元。

---

① RQFII是人民币境外合格机构投资者(RMB Qualified Foreign Institutional Investors),即给予合资格境外机构投资者,如基金公司、券商,以预设的人民币额度投资内地股市或债市,而首次的总规模为200亿元。RQFII一词来源于QFII(Qualified Foreign Institutional Investors),即合格的境外机构投资者制度,是指允许合格的境外机构投资者在一定规定和限制下汇入一定额度的外汇资金,并转换为当地货币,通过严格监管的专门账户投资当地证券市场,其资本利得、股息等经批准后可转为外汇汇出的一种市场开放模式。

② 人民币离岸市场是指在中国境外开展人民币相关业务的市场。

人民币全球清算体系①**的构建**——已在香港、澳门、台湾、新加坡、伦敦、法兰克福、首尔、巴黎、卢森堡等地建立了人民币清算安排。

可以说，经过五年的发展，人民币国际化进程已经取得跨越式的发展，这样的发展会继续延续吗？好了，成绩摆完了，该说问题了，这也是笔者想说的重点。

首先，货币的国际化究竟是什么意思？为什么笔者有这个问题，因为在美元成为全球主导性货币之前，基本是用贵金属或者是与贵金属挂钩的货币来完成全球经济金融运行中的货币职能的。只是在布雷顿森林体系瓦解后，全球经济才首次用一个主权信用货币来作为世界货币。随后经历的每一次危机爆发都和这种全新的货币制度安排有关，所以替代美元已经喊了很多年，但美元作为全球初级产品定价货币、贸易结算货币和储备货币的地位至今无人撼动。所以，**什么是货币国际化，就是一国货币在全球范围内具有定价、结算和储备三个功能**，通俗地讲就是全球对于一种货币的认知度和使用度很高。

其次，如果用美元作为样板的话，目前人民币国际化进程中先天地存在一个困境。中国经济增长离不开外部需求，为此货币当局就需要保持汇率稳定，由此带来了贸易顺差以及外汇储备的增长，而数额巨大的外汇储备实际上就意味着这个国家一直在购买别国的货币和以别国货币计价的金融资产，这本身就是对自己货币国际化推广的抵消。

这里笔者粗略地算了一笔账：

截至 2014 年年底，国际货币基金组合的数据显示，在已知币种结构的 6 万亿美元的全球外汇储备中（还有 5.6 万亿美元没有公布币种结构），60％左右是美元，随后是欧元、日元、英镑、加元、澳元、瑞士法郎和其他货币，而美元的占比基本和危机前一样。言外之意，危机来的七年间，全球新

---

①　人民币全球清算服务体系是为银行间市场提供以中央对手清算为主的直接和间接的本外币清算服务，包括清算、结算、交割、保证金管理、抵押品管理等。

增的外汇储备并没有出现低配美元的变化。

截至 2014 年年底,全球外汇储备余额达 11.6 万亿美元,较危机前(2007 年)增加了近 5 万亿美元,其中中国的外汇储备则是由 1.5 万亿美元增加至 3.8 万亿美元,增加了 2.3 万亿美元。这也就是说,**危机以来,全球外汇储备增量中近一半是来自中国的贡献**。

上面这两个数据,反映出**中国作为全球外汇储备增加最多的国家,虽然其自身怀揣着"成为世界货币"的梦想,但实际它又是美元最为坚定的拥护者和捍卫者**。

这是多么吊诡的一件事!

周小川曾在 2009 年 3 月撰文《关于改革国际货币体系的思考》,提出"创造一种与主权国家脱钩、并能保持币值长期稳定的国际储备货币,从而避免主权信用货币作为储备货币的内在缺陷,是国际货币体系改革的理想目标",当时他这一提法曾在海内外引起热议。笔者认为,周小川可能就是看到了人民币国际化进程的这个吊诡之处,才在六十多年后,再一次提出 1944 年由凯恩斯设计的那个并未成行的"Bancor"方案①的变种。只不过这一次,周小川提出的思路是扩大现有 SDR②(特别提款权)的超主权储备货币作用。

---

① 1944 年,在美国新罕布什尔州的布雷顿森林举行的联合国货币金融会议上,英国经济学家约翰·梅纳德·凯恩斯提出了"国际清算同盟计划"(International Clearing Union)。凯恩斯的这套全新的世界货币方案中,由国际清算同盟发行统一的世界货币,货币的分配份额按照"二战"前三年的进出口贸易平均值计算。"同盟"账户的记账单位为"班科"(Bancor),以黄金计值。会员国可用黄金换取"班科",但不可以用"班科"换取黄金。

② 特别提款权(special drawing right,SDR)是国际货币基金组织创设的一种储备资产和记账单位,亦称"纸黄金"(Paper Gold)。它是基金组织分配给会员国的一种使用资金的权利。会员国在发生国际收支逆差时,可用它向基金组织指定的其他会员国换取外汇,以偿付国际收支逆差或偿还基金组织的贷款,还可与黄金、自由兑换货币一样充当国际储备。但由于其只是一种记账单位,不是真正货币,使用时必须先换成其他货币,不能直接用于贸易或非贸易的支付。因为它是国际货币基金组织原有的普通提款权以外的一种补充,所以称为特别提款权(SDR)。

　　由此，笔者断言，在人民币国际化的梦想中，从来就没有主动取代美元的想法，更多的是成为未来多元化货币体系的一员，而这次危机恰恰给了人民币机会，这也是文中多次强调中国经济第三次突围的核心之意。

　　笔者观察五年来人民币国际化的进程，尤其是中国人民银行的实际推进思路，想妄自揣测一下未来人民币国际化的路线图：人民币资本项目的开放进程必定会加快，原因就是人民币国际化的核心——"用"，即让非居民能够充分用人民币满足自己的交易、投资等需求。对于其他政府和机构而言，则是要保证其便捷地实现人民币资产的风险和收益的均衡，只有这样人家才会愿意持有人民币，也只有这样中国政府才能理直气壮地要求国际货币基金组织将人民币列入 SDR 的篮子中，而这些均需要进一步放松目前人民币在资本项目方面的诸多限制。但如果中国内部金融市场的深度和广度发展滞后，一味为了国际化而国际化，单边放开资本管制的话，那么必定会出现前文引述余永定先生的那个担忧，所以与资本项目开放并行的还有中国内部金融改革的快速推进，这两条缺一不可。

　　但形势永远比人强，复杂多变又是金融运行的主要特征，所以笔者上述的揣测只是纸上谈兵，究竟未来会怎样，我不知道，最后借用一句流行语作为"中国汇事"系列的结语："且行且珍惜"。

事外话：人民币自由化，行百里者半九十

　　本文于 2015 年 6 月发表于《经济观察报》。本文的写作背景：伴随中国官方在外汇管理方面的简政，以及人民币汇率已接近均衡水平的认识被国际越来越多的接受，有关人民币自由化（国际化）进程的完成就差临门一脚已经逐渐被市场所预期。但就在这临门一脚射出前，中国还有一项十分重要的功课要做，不然准备了多年的人民币自由化很可能功亏一篑。

如果把宏观经济比作一个人的身体的话,那么货币就是人体内的血液,而金融市场则是人体内重要的脏器。当前的现实是,经济转型意味着身体正处于改善体质的关键阶段,而血液循环系统也已经发生了深刻变化,而身体内的脏器不及时做出调整的话,那么人一定会生病,而且很可能是大病,所以笔者想从人民币自由化的角度来谈一下对于当前金融市场和宏观经济关系的认识。

人民币自由化实际上包括内外两个内容:对外的国际化和对内的利率市场化。

首先,什么叫货币国际化呢? 现在通行的定义是依据彼得·B.凯南(Peter B. Kenen)、陈庚辛(Menzie Chinn)、杰弗里·弗兰克尔(Jeffrey Frankel)等人的研究确定的,即指一种货币的使用超出国界,在发行国境外可以同时被本国居民或非本国居民使用和持有,换而言之,即一种国际化货币能为居民或非居民提供价值储藏、交易媒介和记账单位的功能。

货币国际化定义

货币功能	官方用途	私人用途
价值储藏	国际储备	货币替代(私人美元化)和投资
交易媒介	外汇干预载体货币	贸易和金融交易结算
记账单位	钉住的锚货币	贸易和金融交易计价

来源:Kenen, Peter. *The Role of the Dollar as an International Currency*, Occasional Papers, No. 13, 1983, Group of Thirty, New York.

Chinn, Menzien and Jeffrey Frankel. *Will the Euro Eventually Surpass the Dollar as Leading International Reserve Currency*? NBER Working Paper, No. 11510, 2005.

如果上面这个定义太晦涩,那换句话说,**货币的国际化本质就是一国货币的跨境使用**,里面有两个要素:"跨境"包括居民和非居民,"使用"涵盖境内外的所有金融市场。

近期发生的几件大事,则表明人民币离国际化货币已经越来越近了。

事件一:5月26日国际货币基金组织发布了与中国的2015年度第四条款磋商讨论公告。在该公告中,IMF对于人民币给出了两个最新的判断:一是人民币币值不再被低估;二是欢迎人民币加入特别提款权(SDR)货币篮子。

事件二:6月1日中韩两国正式签署自由贸易协定(FTA),这是中国迄今对外签署的规模最大、含金量最高的FTA。协议生效后,进入中韩贸易的超90%商品将享受零关税。有研究测算称,该协议将直接拉动中国0.3%、韩国0.96%的GDP增长。

事件三:6月3日,中国人民银行宣布已获准进入银行间债券市场的境外人民币清算行和参加行①,可开展债券回购交易,其中正回购的融资余额不高于所持债券余额的100%,且回购资金可调出境外使用。

2005年7月份人民币汇率改革至今,人民币的实际有效汇率累计升值近60%,人民币兑美元累计升值近40%。如果按照国际货币基金组织评判一国货币汇率均衡与否的标准(经常项目占GDP比重在正负4%之间)衡量,从2010年起,我国的经常项目差额占GDP的比重就已回落至4%之下,如今已降至2.3%。而此次IMF有关人民币没有低估的首次表态,实际上是对这些年我们补做家庭作业的认可,毕竟人民币的实际累计升值幅度,已远远超出了2005年汇改时国际货币基金组织认为的人民币低估程度(40%)。

除此之外,从人民币汇率的市场走势来看,市场对于人民币汇率已接近均衡水平的判断也逐渐成为共识,几个数据证实此判断:

数据1:从2012年开始,人民币汇率先后出现过三次阶段性贬值。①2012年5月至8月期间,人民币兑美元汇价由6.27贬至6.35;②2014年

---

① 境外人民币业务清算行是指在已建立境外人民币清算安排的境外地区(包括香港、澳门、台湾)开展人民币清算业务的机构;境外参加银行是指根据有关规定开展跨境人民币结算业务的境外(包括香港、澳门、台湾)商业银行。

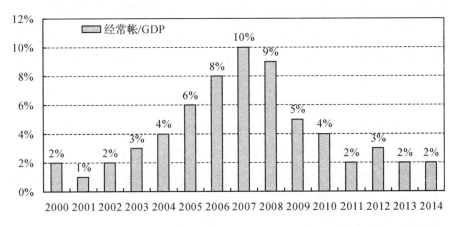

数据来源：中国外汇管理局

中国国际收支平衡状况

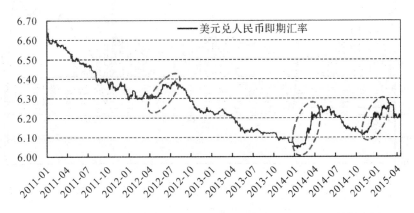

数据来源：WIND

人民币汇率市场走势

1月至5月，人民币兑美元汇价由6.09贬至6.17；③2014年11月至2015年3月，人民币兑美元汇价由6.11贬至6.16，如果说前两次阶段性贬值有欧债危机、货币当局的汇率引导等外在原因，那么最近这次贬值，应该是市场的自发行为，表明市场对于人民币汇率接近均衡水平的共识已经形成。

数据2:银行结售汇已经由过去的每个月顺差几百亿美元变成了逆差。从2014年8月份逆差出现开始至2015年6月,累计逆差额已经超过1600亿美元;而同期我们贸易顺差累计近5000亿美元,外商直接投资(FDI)累计新增近1200亿美元。

数据3:从2014年第三季度以来,境内银行的外币存款开始快速增加,而2015年上半年,外币存款的增加额就已经超过1000亿美元。换句话说,现在近7000亿美元的外币存款中,1/7来自2015年上半年。

数据2和数据3均表明越来越多的人愿意持有外汇,要知道境内美元的存款利率还不到1%。

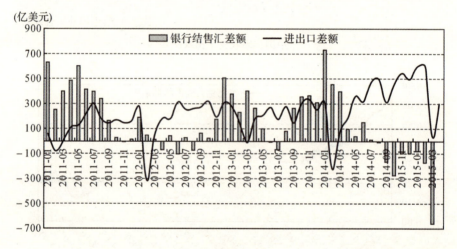

数据来源:WIND

银行结售汇差额和进出口差额情况

而为什么笔者把中韩自贸协定的签订也视作与人民币国际化有关呢?

因为中韩的贸易额接近我们贸易总额的十分之一,中韩每年还有近1000亿美元的贸易逆差。而目前跨境人民币的主要使用方式之一,就是中国的进口支付,但真正要把境外人民币沉淀下来,则最终取决于贸易收支的情况(例如,逆差更容易使人民币在境外沉淀)。所以伴随中韩自由贸易的签订,跨境人民币使用必将进一步增加,由此带来的境外沉淀下的人民

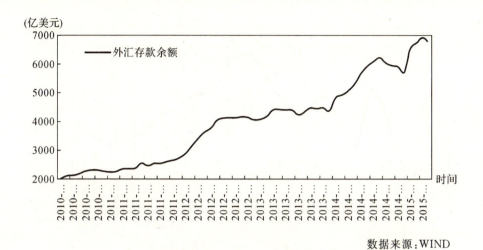

（亿美元）

—— 外汇存款余额

数据来源：WIND

境内金融机构外部存款情况

币也会继续增加。而从韩国作为第一个和中国签署货币互换的国家这一背景而言，显然依托于中韩自贸协定下的跨境人民币的使用必定会很快见效。

分析到现在，基本上把我们补做的两项家庭作业说清楚了：

一是人民币汇率已经均衡了，意味着单纯博取人民币单边升值的跨境投机机会不多了；

二是通过贸易、海外投资、货币互换输出人民币的网络基本已经建成。

接下来的问题就是境外人民币如何使用的问题，即境外人民币持有者能否配置人民币资产的问题。而这一问题实际上可以进一步延伸至人民币资本项目的可兑换。而国际货币基金组织对于人民币进入 SDR 的表态，则具有十分重要的信号意义，因为一旦人民币进入 SDR 之后，实际上对于海外国家而言，人民币从理论上就可以进入其外汇储备资产。除此之外，2015 年 6 月 3 日中国人民银行宣布的已获准进入银行间债券市场的境外人民币清算行和参加行可开展债券回购交易的新规，则意味着境外机构持

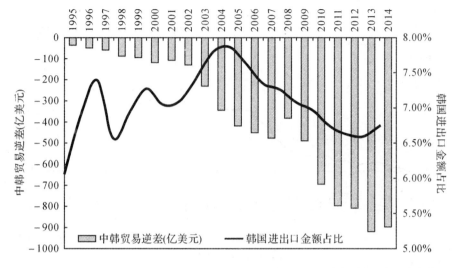

数据来源：中国商务部

中韩贸易情况

有的人民币资产可以到境内金融市场开展融资（甚至是杠杆交易[①]），而此前中国人民银行就已经准许境外央行、人民币清算行和跨境贸易人民币结算境外参加银行三类境外机构进入境内银行间市场，再加之 QFII 和 RQFII，因此，从某种程度上说，中国境内银行间债券市场基本已经完全开放。而去年的"沪港通"到今年预期内的"深港通"，则意味着 A 股市场也可以是说大体已经对外全部开放了。

2015 年 4 月份，周小川在第 31 届国际货币与金融委员会系列会议的发言中指出，"根据 IMF 对资本账户交易的分类，40 项中的 35 项全部或者部分实现了可自由兑换，只有 5 项仍旧完全不可自由兑换，这 5 项主要涉及个人跨境投资以及非居民在本国市场发行股票和其他金融工具"。同时，他明确表明了未来人民币可自由兑换"将采用有管理的可自由兑换"。而

---

① 杠杆交易又称虚盘交易、按金交易。就是投资者用自有资金作为担保，从银行或经纪商处提供的融资放大来进行外汇交易，也就是放大投资者的交易资金。

周小川在 2012 年年初的《人民币资本项目可兑换的前景和路径》一文中就曾经提出，"对于部分转轨国家和发展中国家货币可兑换经验的一篇相关研究显示，样本国家在实现经常项目可兑换后，平均用七年左右的时间过渡到了资本项目可兑换，过渡时间太长会出现若干问题"。我国的经常项目可兑换是 1996 年实现的，至今已经二十年了，已经大幅超过国际平均时间跨度。因此，年内实现人民币资本项目兑换的概率是极高的，意味着人民币离外部自由化只有一步之遥了。

至于人民币自由化的另一个重要内容——利率市场化，进程更是已经到了临门一脚的阶段。目前人民币利率仅剩存款利率处于半管制状态，即金融机构存款利率浮动区间存在一个 1.5 倍的上限。但是 2015 年 6 月 2 日中国人民银行发布了《大额存单管理暂行办法》，明确大额存单期限包括 1 个月、3 个月、6 个月、9 个月、1 年、18 个月、2 年、3 年和 5 年共 9 个品种，意味着中国已经有了替代存款的各个期限的金融产品，而且大额存单由于可以转让，所以比存款和理财更加灵活。因此，实际上人民币利率市场化已经完成了，就差中国人民银行宣布取消 1.5 倍的上限规定了。

正是上述内外两个变化，可以说人民币离自由化就差最后一步，但这一步确实是好大的一步，即人民币自由化。

原因在于，人民币自由化并不是我们的终极目标，而是一个阶段、一个策略。因为从 1992 年开始至今，中国经济实际上已经完成了"输出市场"（1992 年南方谈话之后，以 FDI 为主的外资的进入）和"输出产能"（2001 年加入 WTO）两个阶段，接下来需要"输出货币"或者是"输出金融"。而伴随人民币自由化的完成，实际上"输出金融"已完成了前期任务。接下来就剩下最重要的，也是决定前期工作最终能否成功的一步，即中国形成一个多层次、健康的金融市场。而目前金融市场的当务之急就是加大深度。

以美欧日为例，目前三者占全球经济的比重分别为 22%、17% 和 7%，相应各自债券市场存量占 GDP 的比重分别为 220%、200% 和 260%；相比之下，中国占全球经济的比重已经升至 12%，但债券市场存量占 GDP 的比重不足 60％。股票市场同样如此，例如截至 2014 年年底，美国股市的总市值占 GDP 的比重超过 150％，日本股市的总市值占 GDP 的比重超过 130％，而中国的这个比值仅为 60％左右。

因此，从内部债务化解、股权融资占比偏低的客观现实看，我们的金融市场在供给层面有巨大的提升空间；而从境外人民币需要有相应的人民币资产匹配的客观现实而言，我们的金融市场同样有着巨大需求支持；加之中国正处于经济转型的关键期，提高直接融资比重的转型要求正好与中国输出金融的战略相契合。可以说，人民币自由化已经到了完成惊险一跳的重要机遇期，而包括债券、股票在内的多层次金融市场是否能够在健康的轨道上快速完成扩容就显得十分重要，此点无疑是观察中国金融市场的一条逻辑主线。

中国房事

2014 年 10 月，一份题为《中国大陆城市"鬼城"指数排行榜》的报告在媒体和网络上广泛地传播并引发热议。该报告称，由于很多城市的盲目扩大和建设，众多小城市人口扩展远低于城市建设用地的速度，因此中国未来可能会出现近 50 座"鬼城"。除此之外，中国已经出现了数量不少的"空城""睡城""死城"。而在此之前，中国经济腾飞的"奇迹"中，房地产无疑是最为靓丽的"美女"之一，而且还是位高挑的"美女"，房地产行业在经济中的比重曾一度高达 40%。如今，有关未来中国会不会像 20 世纪 90 年代的日本经济那样，被房地产拖累至衰退的讨论越来越多，而且一些国际机构甚至还认为中国房地产行业的降速将会对全球产生重大影响，例如穆迪投资者服务公司称"中国房地产崩盘可能让全球经济复苏脱轨"；国际货币基金组织（IMF）则称急转直下的中国房市可能拖累亚太区的经济前景。

　　未来的中国房事究竟是何种结局，现在断言为时尚早，但近年来房子问题，无论是对身处庙堂的政府而言，还是对混迹江湖的市民而言，都是一件十分挠头的事，因为中国的房价越来越让人看不懂了。艾经纬先生曾在其《房市大衰退》一书中指出：中国的房价犹如莫比乌斯怪圈，众多参与者始终像莫比乌斯纸环上的蚂蚁，不停在"房价上涨——预期房价上涨——房价涨得更快——投机需求增加——房价上涨"的循环中转圈。

　　中国房价为什么会陷入莫比乌斯怪圈，我们究竟能否从怪圈中逃出来，这必定是一件天大的事。

上下不得的房子问题

　　2015 年是中国农历的乙未羊年，老人们常说"羊马年好种田"，但就在春节期间，一则《博士回乡手记》却在微信和微博中引起了热议，正应了"年年岁岁花相似，岁岁年年人不同"。而正是这场讨论，让笔者不自觉地联想到了这些年中国故事中的一件天大的事——中国房事。

　　对于这件天大的事，此前笔者一直没有头绪，原因主要有三：一是有关房子的事情，这些年俨然已经演变成了一场全民大讨论，无论你是站在哪一方，均将面对人数众多的对立面，让你总能感觉到是"秀才遇见了兵"；二是有关房子究竟是消费品还是投资品，至今没有定论，例如政府提出"居者有其屋"，但实际生活中百姓更多是怀揣着"居者拥其屋"的梦想，以至于中国的房事过多地集中在房价高低之上，进而使得百姓对于那些靠房地产赚得盆满钵满的人大多充满了不满的情绪，而不论这些人究竟走的是正路还是歪路；三是无论你怎么摆证据，这些年房价始终在"房价上涨——预期房价上涨——房价涨得更快——投机需求增加——房价上涨"中循环，分不清起点和终点。正是这三个原因，让笔者也一直在怪圈中打转。而春节围绕"回乡手记"的网络讨论，一下子点醒了笔者：何不就从房子讲起呢？

　　由此,笔者特地搜索了一下"房子"的定义:**房子,是指供人类居住、从事社会活动或供其他用途的建筑物。它是人类最基本的生活资料。**

　　在这个定义中,笔者最关注的就是"最基本"三个字。说到这儿,还有一个小插曲,记得孩子刚刚接触历史课时,对于基本历史知识兴趣索然,总是嘟囔背这些干巴巴的东西有什么用,没有办法,笔者只能硬着头皮充当启蒙之职。一日我假装请教她一个问题:能否用两个字归纳人类在从猿到人的进化过程?她摇了摇头,且反问我,是哪两个字?我说是"上下","上"是指猿站起来,成了直立的猿人,从此双手得到了解放;"下"是指猿从树上下来了,能够满地跑了,而且找到了比树上住着更安全的洞穴。孩子听后,只说了句"好玩",没有再说什么。笔者心中窃喜,显然自己的"装"已经收到了效果,后来孩子慢慢地喜欢上了历史课,并且还时不时要编个故事考考笔者。

　　上面这则小插曲虽然纯属笔者和孩子之间的笑谈,因为猿变人绝不止这点事儿。但当笔者看到对房子的定义中用了"最基本"三个字时,还是深有感触,为什么就是这个最基本的东西,竟然成了这些年中国最闹心的事情?无论是庙堂,还是江湖,仿佛谁不在"房事"上说出个子丑寅卯,谁就OUT(落伍之意)了。

　　然而最令人纠结的事情,还在于这些年来,这个"最基本"的东西竟然变成了最昂贵的东西。**在 20 世纪 90 年代住房制度改革前,我们的房子在农村基本住的是祖上留下的祖屋和自家宅基地上的自建房,城市里的居民则是依靠单位分配,所以当时基本上是"居者有其屋",大家也都相安无事。**

　　到如今,房事俨然成了一件天大的事情。

　　这里简单举一个例子,笔者在前几章中都有讲过,这些年我们的经济生活发生了巨大的变化,这些变化概而言之就是我们耳熟能详的"新五化"——工业化、信息化、城镇化、市场化、国际化。伴随这些变化,相应也出现了一支数量庞大的被称为"农民工"的劳动力队伍。按照国家统计局发布的《2014 年全国农民工监测调查报告》,在总量 2.7 亿的农民工队伍中,外出务工农民就有 1.7 亿人之多,但其中只有 1％的人在务工地买了房子,37％是自租房,剩下就是住工棚、宿舍等。即便如此,从平均水平看,农民工仍然需要用 16％的务工收入来解决居住问题,占到其生活消费支出的 47％。从这些权威部门公布的数据不难看出,无论是对个人还是对国家,房事都是一件大事。这里笔者并不是要说我们的"新五化"之路不对,笔者在前文"中国价事"中,对我们这些年"吃穿住行"情况的变化曾作过价格变动背后的原因分析。

客观地说,中国房事从无到有,再从小到大,也是我们这些年经济生活发展的另一面镜子——房价涨了,人们的生活压力就增加了,因为房子是最基本的,君不见已成为冷笑话的"房奴"一说;房价降了,经济下行压力就增加,因为房子已经成为我们最主要的产业,在经济中比重超过 20％。而 2015 年春节期间广被热议的《博士回乡手记》中记录的画面,不正是这面镜子中照出的一个影像吗?

无论是外出务工的农民工,还是求学入城的学生,其迁徙的路径基本都是由农村、小城镇走向大都市,都是在做着同一件事情:摆脱土地去往城市。因为城里有一份相对体面的工作和可观的收入,更因为城里的发展机会多,能够享受到更多的公共服务。但当我们需要拿出相当大的一部分收入来解决安居之所时,又有多少无奈,甚至是无力呢? 如今的感觉用四个字形容,就是"上下不得":"上",房价再上涨,我们将无力攀爬;"下",房价再下跌,经济将止不住跌势。

笔者之所以东拉西扯这么多,只是想和大家共同思考一个问题:为什么房子本来是最基本的东西,竟然变得如此"上下不得"? 我们经济发展的目的是改善和提高全社会的经济福利,为此我们进行了生产要素重新组合的改革之路,其中最关键的就是劳动力和土地要素关系的重新布局。如今劳动力是活了,土地也用起来了,即工业化和城镇化进程得以高速推进,但衔接人和地最基本关系之一的房子,却变成了问题,而且是个大问题。如果说在要素组合调整之初,我们被告之需要承担一定成本,需要阶段性的忍受一下。而如今当我们再次面临生产要素的重新组合,谓之曰经济转型时,这一次我们又应该如何处理"房事"呢?还是一如既往地采取人地分离的要素调整模式吗?官方已经以各种规划、制度等方式在做着尝试,但笔者至今还没有看到由"上下不得"变为"上下自如"的清晰答案。

左右摇摆的房政

在中国的房事中,除了"上下"的问题,还有一个"左右"的问题,即政府对于房子的态度是左右摇摆的。为什么会出现"左右摇摆"的房政呢?

谈及我们的房政,有一个重要的年份是必须要说的,那就是 1998 年。在这一年的 7 月 3 日,国务院颁发了一个重要的、影响至今的文件——《关于进一步深化城镇住房制度改革加快住房建设的通知》(国发〔1998〕23号)。在这个文件中,政府决定自当年起停止住房实物分配,建立住房分配货币化、住房供给商品化和社会化的住房新体制。同年召开的全国房改工作会议宣布,从 1998 年下半年起,停止住房实物分配,实行住房分配货币化,新建住房原则上只售不租。笔者之所以说这个文件重要,因为就是在这个文件之后,我们的房子彻彻底底变成了商品。此前房子作为最基本的生活资料,基本是通过单位福利分配给大家的,居住者只需支付一点点租金即可,而当因工作变化或者其他原因离开单位时,需要把房子交回原单位。

为什么会出现"福利分配"向"商品交易"的转变呢?特别是此文件出台的六年前,中国还曾出现过一次有史以来最为严重的房市危机——海南房地产泡沫。当时总人口近 160 万的海南就有 2 万多家房地产公司,且在 1988—1992 年,海南房价增长超过 4 倍,泡沫破灭之后,出现了 600 多栋"烂尾楼"、18834 公顷闲置土地和 800 亿元积压资金,四大国有商业银行的坏账高达 300 亿元,要知道,1992 年海南省的 GDP 才 185 亿元。

转变的原因就在于政府开始"看中"了房子,以至于到后期已经是十分"看重"房子了。

众所周知,1998 年首件大事无疑是刚刚爆发的亚洲金融危机,对于中国而言,这次危机是改革开放以来中国首次面临的因外部冲击引起经济大波动的考验。例如 1998 年第二季度 GDP 同比增速曾一度断崖式地降至 6.7%(1997 年 GDP 增速为 9.2%,而 1980—1997 年 GDP 年均增速是 10.1%),出口同比增速更是出现了接近两位数的负增长。当时经济运行面临内外需求双双疲弱的严峻局面,同时还有一个显著变化就是中央和地方的财政收入比重出现了逆转,地方收入首次少于中央。怎么办? 经济重新回升需要新的增长点,同时还需要调动地方的积极性。由此,在 1998 年的文件中就看到了这样的字眼:"加快住房建设,促使住宅业成为新的经济增长点,不断满足城镇居民日益增长的住房需求。"

可见,这个新的增长点正是来自政府对房子的**看中**。而在房改启动的初期阶段,集中在房价上的矛盾还没有显现出来。例如 1998—2003 年,全国商品住宅销售价格年平均涨幅仅为 4%左右,房价收入比①也基本稳定在 6.7,即用七年的家庭收入就能买一套房子。但经济运行已经逐渐得以修复,截至 2003 年第二季度,GDP 增速已由 1998 年第二季度的 6.7%回升至 8.7%,同期投资增速则由 13%大幅回升至 32%。

上述经济数据的好转,让政府对 1998 年的那次"看中"之举更加自信,因此,开始由"看中"逐渐转为了"看重",而这一转变终于在 2003 年得以正式确立。

2003 年 8 月 12 日,国务院在时隔五年后,再一次颁发一个更加重要的文件——《关于促进房地产市场持续健康发展的通知》(国发〔2003〕18 号),而在这文件中首次明确了要"充分认识房地产市场持续健康发展的重要意义。房地产业关联度高,带动力强,已经成为国民经济的支柱产业。促进

---

① 房价收入比,是指住房价格与城市居民家庭年收入之比。

房地产市场持续健康发展,是提高居民住房水平,改善居住质量,满足人民群众物质文化生活需要的基本要求;是促进消费,扩大内需,拉动投资增长,保持国民经济持续快速健康发展的有力措施;是充分发挥人力资源优势,扩大社会就业的有效途径。实现房地产市场持续健康发展,对于全面建设小康社会,加快推进社会主义现代化具有十分重要的意义"。

上面引述文字实际上就是国发〔2003〕18 号文二十条中的第一条的全部内容,而笔者之所以全文引述,原因就在于**这是我国政府首次对于一个行业给予如此高的发展意义的定位。结果就是房子彻底完成了由"最基本"到"支柱"的飞跃,换而言之,房子已经是经济运行中的大个子了,而且这个大个子的地位一旦得以确认,其真实表现确实也十分了得。**

不信的话,笔者给大家摆几个数字:

2002 年全国商品住宅价格约是每平方米 2000 元左右,2015 年已经升至每平方米 6000 元以上,十余年间房价涨了 3 倍,而在北上广深等一线城市,房价涨幅更是达到 6~10 倍,由此可见房子已经变成经济运行中最大的、涨得最快的一块蛋糕。

在这块蛋糕的分配里,政府占到了五成半、房地产企业占到两成半、剩下的两成则归房地产相关行业和银行。

如果仅看上面的数据,似乎政府此次对房子由"看中"向"看重"的调整又对了,但不能忽视的而且已经成为一个严肃的问题的一点是,还有一个变"重"了,即购房者的负担变重了。笔者在这里再举一个数据,以全国平均水平来看,房价收入比已经由房改初期的 6.7 升至 9,而包括北京在内的部分城市,这一比值已经接近 15,要知道 2003—2014 年,居民的收入增速并不慢(平均 12%的增速),但是还是远远慢于房价的增速。而在此情况下,在微观层面逐渐形成了房价只涨不跌的预期,相应房子用于满足"最基本"的居住需求已经开始出现了向"炒房暴富"的投资需求转变。

同时还有一个与政府经济导向相关的重要变化。按照西南财经大学甘犁教授及其团队的最新调查数据显示,房子占中国家庭资产的比重已经达到 60％，这说明房子不仅是居住之地，也是微观个体资产中体量最大的一块。

上面这两个变化，实际上表明了**中国的房事已经出现了"左右为难"的困境，即房价不能上涨太快，不然购房者的居住需求无法满足，很可能会演变成严重的社会问题；同时房价又不能大幅下挫，因为房子这块蛋糕不仅事关政府、企业、银行的钱袋子，还事关居民的财富总量。**

正是这个"左右为难"才导致了期间政府房政的"左右摇摆"。

例如，就在 2003 年政府首次确立房地产业是国民经济的支柱产业的前两个月，中国人民银行发布了《关于进一步加强房地产信贷业务管理的通知》，即著名的"121 号文"，收紧了房地产开发企业的融资条件。在"房奴"一词产生的 2005 年，国务院颁发了《关于切实稳定住房价格的通知》（国办〔2005〕8 号），明确要求各地"采取有效措施，抑制住房价格过快上涨"。转而到了 2008 年，国务院又颁发了《关于促进房地产市场健康发展的若干意见》（国办发〔2008〕131 号）的救市措施。但不到两年时间后，政府就出台了史上最为严厉的"国十条"——2010 年 4 月国务院颁发《关于坚决遏制部分城市房价过快上涨的通知》（国发〔2010〕10 号），随后"限购""限贷"的措施密集出台。

可以说纵观全球，没有哪个国家政府如此看重房了，更没有哪一个政府会出台如此密集的房政，尤其政策导向的摇摆更是"乱花渐欲迷人眼"，由此带来的质疑之声也越来越大，其中最典型的代表莫过于中国房地产开发集团孟晓苏总裁 2013 年写的《房产调控十年祭》。

笔者之所以啰嗦了这么多政策名字，实在是因为这些年中国的房事已经成为国人最为烦心的事情，也是政府最为闹心的事情，政府左不行，右也不行，真是左右为难，无奈之下房政只能以摇摆的姿态被动着。如今经济运行再一次行至下行期，这一次房政又将会以什么姿态摇摆呢？而房子这个"大个子"会听话吗？还是说我们从房改最初，就选择了一条跛脚之路，才导致了当下的困境呢？

一生只能参与一次的周期

在思考"中国房事"期间,有个问题一直在笔者脑海里不断重复出现:在人一辈子的有限生命里,只能做一次的事情究竟是什么?而在经济学的殿堂里,这个问题也一直是个热门话题——周期问题。北大的萧国亮老师在给《下一轮经济周期》一书做的序言中曾写下这样一段话:"历史有惊人的相似性!每四年股票市场会趋于一个重大的调整,而每四个月则有一个小规模的调整。整体经济每四十年达到其峰值,而商品价格则每三十年达到其峰值。每五百年,会出现意义重大的革新。每五千年,会产生文明和城市化发展进程中的巨大飞跃。"而该书的作者哈瑞·丹特对此的解释就是:在经济运行的众多重复中,人的生命周期(平均八十年左右)是重要的原因,而且他还警示:"对于你的财富、健康、生活、家庭、生意以及投资而言,最为重要的周期变化就在眼前。这很可能是你一生中经历的第一次也是最后一次经济大萧条——因为在现有的周期中,这样的萧条每隔八十年才发生一次。"要知道这本书中文版的出版时间是在 2009 年 7 月份,如今读来更有味道。虽然从 2007 年危机爆发至今已有近八年之久,全球经济也已经走上了缓慢复苏的轨道,但是人们对于危机影响的担忧并没有完全消除。笔者想说的是,同样的原因,在诸多的经济周期中,我们这辈子可能只能赶上一次房地产周期,由于我们的房地产市场化是从 1998 年开始的,所以更有幸的是这很可能是我们经历的第一个房地产周期。

为什么笔者这么说,先摆几个数据。

第一组数据:观察发达国家的历史数据,大体存在一个房地产市场十八年周期的经验规律。而从 1998 年算起至今,咱们的这个市场正好是十八年,而数据也似乎和发达国家的经验规律吻合了。从 1998 年至危机前的 2007 年,房地产投资的年均增速为 27%,同期 GDP 的名义平均增速为 14%;危机后在"4 万亿"的反危机经济政策的刺激下,相应 2008 年至 2011

年期间，房地产投资的增速维持在 27%，同期的 GDP 名义平均增速也维持在 14%；但从 2012 年开始，房地产投资的增速一路下滑，至今已经滑至个位数，2015 年第一季度末房地产投资增速为 8.5%，为 2009 年 7 月份以来的最低值；第一季度 GDP 名义增速仅为 5.83%，同样也是 2009 年第二季度以来的最低值。虽然 2015 年 3 月 30 日，宏观层出台了二套房首付降至四成，公积金贷款最低首付款比例降至 20%，营业税免征年限由五年改为二年等政策，即"330 新政"，但是**这一次，政策之手似乎失灵了，房市并没有像历次政策放松时一样，应声而起。**

第二组数据：2012 年之后，我国的经济增速就一直处于下滑的态势，实际上 2012 年真的是中国的拐点之年。因为从这一年开始，15～60 岁的劳动年龄人口开始出现绝对量的下滑，至 2014 年累计减少了已近千万人之多。要知道日本就是于 1990 年在劳动力年龄人口绝对量开始持续下降之后，房地产市场出现了巨幅调整，但当时谁又能想到，日本由房市周期带来的经济下滑竟然一下子就经历了"失去的二十年"。从 2014 年第三季度至 2015 年第一季度，中国经济 GDP 季调环比增速①依次为 1.9%、1.5% 和 1.3%，相对应的季调环比折年率②依次为 7.8%、6.1% 和 5.3%，几乎是以一个季度一个百分点的幅度在下降。经济运行出现如此罕见的下调，不由得让人浮想联翩——历史既然惊人的相似，那么我们会成为第二个日本吗？

第三组数据：2014 年 11 月，备受瞩目的"单独二孩"政策在历时五年深入调研和论证后出炉，当时国家卫生和计划生育委员会预计，新政策推行后，每年将增加超过 200 万个新生儿。但实际情况却远远低于预期，2014 年 12 月，符合条件的 1100 万对夫妇当中，有 106.9 万对单独夫妇申请再生

---

① GDP 季调环比增速，是剔除因季节波动因素影响之后的 GDP 的季度环比增速。

② 季度环比折年率（增长速度）的计算公式为：环比折年率（增长速度）＝〔(1＋环比增长率)⁴－1〕×100%，即假定在全年均保持当季度的增长速度。

育,实际生育的仅为 47 万对。而按照最乐观的估计,考虑到将来生育政策的逐步调整完善,出生高峰还将延续五至八年,即便是这样,这些**潜在的新生人口带来的购房需求也是二十年之后的事情**。

第四组数据:假定中国人的平均寿命为 80 岁(世界卫生组织所做的《2013 年世界卫生统计报告》显示,目前中国人均寿命为 76 岁),那么购房需求的平均年龄段差不多就在 26～40 岁,因为从这个年龄段开始,我们陆续要结婚、生子,所以需要买房子、换房子。目前该年龄段的人口比重为 22% 左右,而这一比重在 2003 年的时候是 27%,年均降幅高达 0.4%。

类似上面这样的数据,笔者还能找出很多,这里就不一一列举了,所以**笔者觉得作为购房的主力军,这辈子我们参与的房地产周期正在结束。**

更何况在此前房地产市场上升期时,我们房子的供给能力是以井喷式的速度在增长,正如穆勒 1826 年在《纸币和商业困境》中所写的话:每一个期盼走在自己全部竞争对手之前的商人,会向市场提供他认为市场起飞时自己所能获得的最大份额;这没有反映出其他对手的供给,而其他人的行为也会像他这样,并且他们都没有预估到价格下跌,而一旦增加的供给进入市场,就一定会发生价格下跌,这样一来,短缺很快就演变成了过剩。这些年我们的房地产商把穆勒的这段话演绎得淋漓尽致,正如前万科集团副总裁毛大庆 2014 年 4 月份有一个广受关注的"内部讲话",讲话的最后他说:感受到了一丝凉意。而一年之后,他就离开了万科,离开了房地产行业,去拥抱互联网了。大家一定知道一个叫马佳佳的 90 后(原名张孟宁,是 2008 年云南省高考语文状元,2012 年 6 月毕业于中国传媒大学),更是提出了"90 后不买房",她说这个话的地点就在万科,而按照一般规律,90 后应该是下一个房地产周期的主力军。上述两人一个是建房卖房的,一个则是所谓的潜在房屋的刚需者,两个人虽不是直接对话,但不约而同以各自的方式选择远离房地产,是不是很值得我们深思?

房地产在经济中的分量之大,以至于该行业的趋势性调整对于经济整体而言,近乎"我花开后百花杀"。而在新的经济增长点出现之前,经济增长始终不让人踏实，这样一来，人们的收入预期、购买预期都不会很乐观。所以从 2014 年下半年开始，A 股市场出现了一轮暴涨，对此就有一种说法：伴随股市的财富效应，房地产市场的春天也不远了，就像上一轮牛市之后，在财富效应带动下，房地产市场随即出现了一轮上涨。但是这一次历史会重演吗？笔者不知道，但总觉得这种想当然的逻辑推演哪里有不对的地方。**生命的有限，决定了有些事情我们一辈子只能参与一次。**

毒药还是良剂

中国房事的复杂，像笔者这样碎片式的走马观灯显然是远远不够的，未来中国的房事究竟还会怎样发展？笔者真是挠头。

更麻烦的是，正如笔者所言：**在诸多的经济周期中，人一辈子也许只能赶上一次房地产周期，同时由于我们的房地产市场化是从 1998 年开始的，所以我们经历的这个房地产周期还是我们自己的第一个房地产周期。**正是由于有这两个"一"，就决定了未来中国的房事走向存在诸多变数，笔者想聊聊自己的看法，但在此之前，还是要给大家先摆几组数据。

第一组数据：房地产价值已经超过了一年的经济总量。这里做个假设，在流通中的个人商品住宅中有一半是需要银行贷款支持的，同时按照贷款额占房屋价值的 50％来推算。2011 年年末，个人购房贷款余额 7 万亿元，相应流通中的个人商品住宅的房屋价值约 30 万亿元左右，占当年 GDP 的比重为 60％；而到 2015 年 3 月末，房地产贷款余额为 18 万亿元，按照同样的估算方法，相应个人商品住宅的房屋价值已经超过 70 万亿元，占 GDP 的比重则已经超过了 100％。

第二组数据：房地产已经是最重要的信用载体。截至 2015 年 3 月末，房地产贷款余额为 18 万亿元（其中个人购房贷款余额是 12 万亿元，房地产开发贷款余额是 6 万亿元），占全部贷款余额的比重为 21％；而在 2011 年，该占比为 19％，金融危机前（2007 年）则仅为 14％。如果观察信贷增量的结构,房地产充当信用载体的作用则更明显,2007 年年底至目前,各项贷款余额增加了 60 万亿元,同期房地产贷款增加了 14 万亿元,占比为 23%。

第三组数据:由房地产带来的利息支出是最重要的一块债务负担。 按照房地产贷款结构(个人购房贷占六成半,开发贷占两成半)估算,直接由房地产贷款带来的一年的利息支出目前已经超过 1 万亿元。要知道目前包括政府、实体和居民整体在内的一年的债务利息支出是 7 万亿元(有关中国整体债务及利息支出的故事,请参见"中国债事"),也就是说有 1/7 的利息支出是源自房地产。

这些数据证明,"房事"真是一件天大的事。未来怎么办?"天"真的会塌吗?

让我们先来看一下已经历过房地产市场完整周期国家的做法,当然各国的做法均有所区别,但无外乎有两条最基本的路径。

路径一,依靠市场。 把房屋这个不动产变成一个金融游戏的标的,即围绕房屋价格设计出一系列的金融产品供投资者投资和交易。这个游戏设计最巧妙的莫过于美国,1998—2001 年期间,美国房地产市场出现了一轮下降,房价累计跌幅超过了 40%,当时华尔街的金融机构搞出来一个金融创新(之前只是房地产贷款的证券化),并发展出了一个持续繁荣六年之久的次级抵押贷款市场。这个市场最吸引的地方就是,对于购房者而言,可以不断地将房屋增值部分向银行进行抵押,获得融资,而且在购房初期甚至是零首付、零利率。这就意味着你只需要填一张申请表,就可以分享房价上涨的好处。所以在 2001—2006 年期间,美国的房价持续上涨了 50%,同期美国也迎来了大消费的时代,个人消费在经济中的比重超过 70%,实在是因为美国人的钱来得太容易了,只要一房在手(这个房子还不完全是自己的),银行就会给你发钱。但不幸的是,美国把这个游戏做过头了,2006 年房价开始下跌,贷款的违约率快速上升,围绕房价增值部分的所有金融产品几乎一夜之间变成了废纸,并最终演变成了一场全球金融危机。

路径二，依靠政府。即政府将商品房产收购，并通过或售或租的方式，将其用于满足低收入居民的住房需求。例如，日本政府自 1966 年就启动了"住宅建设五年计划"，至今已有 10 个五年计划了，相应在日本的住宅市场形成了多元化的供应体系，其中日本政府自己购建的公营住房占比 5%，政府与地方团体合作购建的公团住房占比 5%，享受长期低息贷款的住宅公库占比 30%，而房地产开发商提供的市价商品住宅占比 60%；同时，目前日本私人拥有的住房占有率为 60%，租赁住房占 40%。所以虽然经历了20 世纪房地产泡沫破裂，但由于在房地产周期启动之初，日本政府就是两条腿走路（市场＋政府的供应体系），因而即便是房地产泡沫破裂，并且引发日本经济长达二十多年的疲弱，但日本的房事还是能做到相对无事，可见与不同收入人群和不同居住需求相对应，多元化的住宅供应体系具有较好的适应性。

回到我们自己身上，尤其是在房地产市场供需已经发生深刻变化之后，未来房事应怎么处理呢？

第一，我们自己的房事和美国的次贷危机告诉我们，房子既可以是良剂，也可能是毒药。说它是良剂，是因为房子是人的最基本需求，用好了于国于民都是大好事，而在我们这里房子也确实就是这样的好事；说它是毒药，则是如果加载在房子身上的东西过分多，那么很可能最基本的需求就变成了发家致富的幻想，例如美国。

第二，我们的政府可以说是对于房事干预最多的政府，但一直以来都是围绕商品住宅的价格在绕圈子，而相应满足低收入人群住房需求的保障房供应体系发展滞后。虽然在 2007 年宏观层重新捡回了城市廉租房制度作为解决低收入家庭的主要途径，但其确定的以现金租赁补贴为主的保障方式显然是杯水车薪，以至于到了 2010 年虽全面启动了包括棚改房、公租房、经济适用房、两限房、廉租房在内的保障房建设，而效果仍不尽如人意。因为目前的保障房在保障对象确定（很多地方还在和户籍挂钩）、保障标准设定、保障房的交易流转等方面，客观上存在制度亟待完善之处。

第三,对于前期投资之后遗留下巨量的存量商品房如何消化,至今没有很清晰的计划。虽然在部分地区,已经开始政府回购商品房用于保障房房源的试点,但由于存量房的用途改变势必会出现回购价格的不易确定,所以这样的改革试点效果究竟如何,尚未可知。

类似上述的不确定性,笔者就不再赘述了。最后在"中国房事"的结尾,笔者想说的是,**既然房市的下行周期已经开启,那么我们就该正视它,而如果说在上行期,政府关注的重点是房价,那么在下行期,关注重点应该是房子数量**。因为无论怎样,目前保障房还是有很大缺口的;另外在流通中的房子及背后产生的信用,是否可以通过证券化的方式进行盘活,也是一个不小问题;还有就是基本住宅需求向改善型需求的转变也是一个不小问题。

总之,中国的房事远没有终结,很可能最精彩的章节才刚刚开始,对于政府、实体企业、金融业和家庭居民而言,房子始终是一件天大的事。

事外话:人口红利之后,消费能成为主引擎吗?

> 本文于 2015 年 6 月发表于《东方早报》(上海经济评论)。
> 本文的背景:在中国房事的背后,实际上还有人口红利的故事,如今人口红利已经开始衰减,相应未来中国经济增长故事的共识是:投资和工业增速应该降下来,相应消费和服务业对经济增长的贡献应该上升,即经济结构出现改善。但这样的一厢情愿的主观想法能否实现呢? 本文就是在回答这个问题。

在 2008 年开始的本次危机前,"人口红利"是被用来解释中国经济高速增长一个十分重要的因素。例如,有研究测算,1980—2006 年期间,中国经济增长有超过十分之一的贡献是来自人口红利,该期间中国的经济活动人口由 4.3 亿升至 7.6 亿,就业人数由 4.2 亿升至 7.5 亿,GDP 年均实际增速为 10%，GDP 规模由不足 5000 亿元升至 22 万亿元，扩大了近 50 倍。

因此，可想而知一旦人口红利消退后，对于一个已习惯快速增长的经济体而言，其影响必将是难以估量和长期存在的。

数据显示，我们 15~64 岁的适龄劳动力人口占总人口比重在 2010 年达到峰值（74.5%）之后，如今已降至 73.4%（2014 年年底的数据），相当于每年以 0.25% 的速度下降。而统计局公告显示，从 2012 年开始，中国 16~59 岁的劳动年龄人口以每年 350 万人左右的规模在减少，三年来减少人数已经超过了千万。因而，后期若没有外来适龄劳动力的补充，即便是现行的人口政策马上做出改变，但距离下一次人口红利重新打开的窗口期，也要等很多年。

所以，现在一个现实的问题是：人口红利之后，新的经济增长源是什么？

先来看看官方是怎么说的：（1）"扩大消费要汇小溪成大河，让亿万群众的消费潜力成为拉动经济增长的强劲动力"，这是引自 2015 年《政府工作报告》的措辞；（2）"必须采取正确的消费政策，释放消费潜力，使消费继续在推动经济发展中发挥基础作用"，这是引自 2014 年年底召开的中央经济工作会议公告的措辞。

上述官方的表态显示，官方在居民消费上给予了不少后期经济增长的厚望，而我们的实际情况又是什么呢？

看两个数据：

数据一：从宏观经济结构上来看，从 1980 年开始，居民最终消费在 GDP 中的比重一路下滑，目前已经由当年的 54% 降至 38%；

数据二：就微观经济个体而言，以城镇居民为例，人均消费支出占人均可支配收入的比重也是从 1980 年开始一路下降，目前已由当年的 91% 降至 69%。

因此，无论是从宏观层面还是从微观层面来看，我国的消费比重偏低是不争的事实，这样似乎直接就映射出未来居民消费有很大的提升空间，

数据来源：WIND

居民消费情况

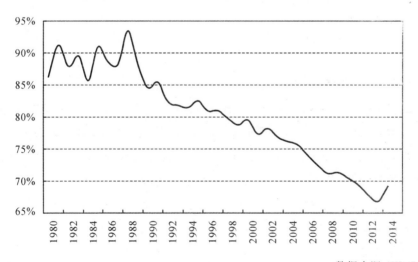

数据来源：WIND

城镇居民家庭人均年消费性支出/城镇居民家庭人均年可支配收入

尤其是我们还有一个很好的学习榜样——美国。

美国是什么情况呢？美国拥有很多动人的故事，其中美国人偏爱消费无疑是最为动人的篇章,美国的数据显示也确实如此。宏观层面,1980 年至今,美国居民消费占 GDP 的比重则由 60％升至 68％;微观层面,美国个人消费支出占个人可支配收入的比重由 86％升至 93％;个人储蓄占可支配收入的比重由 11％降至 4.8％(2005 年曾一度降至 2.6％)。你看美国人给咱们勾勒出多么美的一幅画面:依靠居民消费,经济可以保持长久增长。

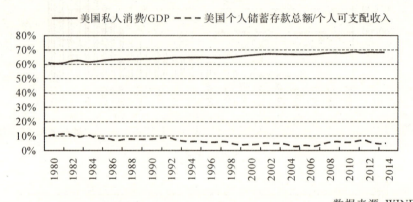

数据来源:WIND

美国消费及储蓄率

实际上离我们更近的,还有一个榜样——日本。

在 1960—1990 年,日本的适龄劳动力人口比重稳定在 67％～70％,期间日本 GDP 由 440 亿美元升至 3 万亿美元,扩大了近 70 倍。而 1990 年,日本人口红利开始衰退(适龄劳动力人口比重由 70％降至 60％),其经济增速开始放缓,但日本的居民消费占 GDP 的比重却开始一路上行,由 50％升至 60％,要知道这期间日本还经历了长达二十年的通缩,而通缩的直接影响就是削弱居民的消费欲望,也就是说,若不是消费在那儿抗着,日本经济岂不是会更差。

上面美国和日本的经验告诉我们,消费确实是后劲儿足,难怪我们也要照此方抓药。

在讨论中国未来消费之前,还要说一个"中年消费"的经验规律。

华创证券研究所的牛播坤博士和她的同事曾经做过一个很好的研究,

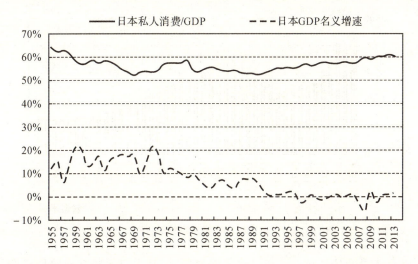

数据来源：WIND

日本消费情况

她们的研究结果显示，人口与消费呈现出"46岁"现象，即典型的家庭消费高潮一般出现在家庭中的抚养人46岁的时候，此后孩子们纷纷离开父母，独自生活。该研究收集的美国劳工统计局的消费支出调查数据显示，支出确实随年龄变化而变化，大部分家庭在父母46岁左右达到支出高峰。

观察我国的人口年龄结构，我们的人口快速增长期有两个：20世纪70年早期和80年代后期，整体而言，我国的70后人口总数是1.57亿人，80后人口总数是1.51亿人，按照牛博士的研究，那么从2015年至2025年，70后和80后相继步入中年，因此，仅从人口分布来看，我们具备了消费比重上升的充分条件。

问题是，仅仅具备这一条件是远远不够的。同样看美国和日本，还有几个我们不具备的条件。

首先，美国作为一个移民国家，不仅历史上的三次大移民为其经济腾飞提供了有力支持，更为特别的是，其移民政策保证了其适龄劳动力人口占比始终稳定。1980年至今，该比重稳定在66%左右，期间美国总人口由

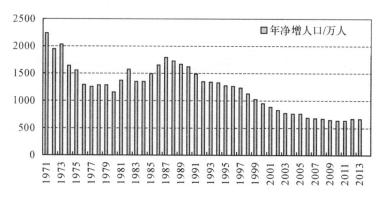

数据来源:WIND

中国年净增人口情况

2.3亿人升至3.2亿人。在讨论美国消费时,其人口年龄结构的稳定性是不能被忽视的一个重要因素,美国人口红利窗口期之长是其他经济体无法比拟的,而且还使得美国即便是存在不小的收入差距结构性问题,但其经济增量部分能够保证其居民收入还是增长的,这一点对于消费稳定是至关重要的。

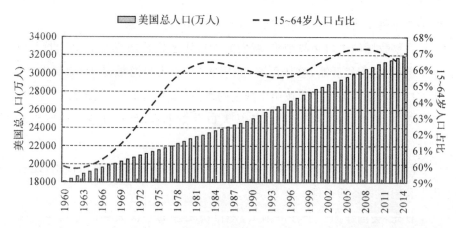

数据来源:WIND

美国人口情况

其次,再来看看日本。在 1990 年人口红利衰弱之前,日本已经完成了工业化、城镇化和国际化,而伴随其在 20 世纪 60 年代的经济腾飞(1961—1970 年,日本经济增速平均为 10.2%,到 1971 年日本人均 GDP 已接近 1 万美元),其社会结构也完成了"中产阶级崛起"的转变(九成的人群成为中产阶级)。加之其在 20 世纪 70 年代推行的"国民收入倍增计划",相继建立了完善的社会保障体系,改善了收入分配结构,这些要素保证了日本国民在近二十年的宏观经济下行过程中,始终没有什么太大的后顾之忧,进而使得消费得以稳定和提高。

显然,像美国那样长久保持人口红利窗口期,对于我们来说,实现起来很难。更何况有关人口政策变不变,目前仍在讨论,即便是马上全面放开"二胎",那实际效果也是多年后的事情,而依靠移民来平衡像我们这样的人口大国,则更是杯水车薪。

而像日本解决国民消费后顾之后的保障,则需要经过十年甚至更长的时间,并且还需要持之以恒地做。

这样看来,未来消费能否变成经济增长中的大个子,是个十分没有把握的事。如果当我们的 70 后、80 后逐渐步入老龄的时候,这个事情还未做成的话,那么到时候在经济运行中找个大个子恐怕就很难了。所以现在我们老说的经济结构调整中启动消费,绝不仅仅是居民花钱买东西、买服务这点事,不要看见咱们的居民在海外市场表现出来的爆发力,就认为只要东西和服务的质量有保障,我们的消费就一定会起来,别忘了社保体系的完善、收入分配结构的改善、收入增长预期的稳定等都是消费成为大个子的充分必要条件。不然 70 后和 80 后的后顾之忧只能寄托在"养儿防后"之上了,真成了那样的话,就要为 90 后、00 后捏把汗了。

中国城事

2014 年比尔·盖茨在其博客上为瓦科拉夫·斯米尔的新书《制造现代世界：材料与非物质化》撰写书评时，称他被一个数据"惊呆了"。这个数据就是 2011—2013 年间，中国总共使用了大约 64 亿吨水泥，超过了美国在 20 世纪 44 亿吨的水泥使用总量。而更有好事者，美国《连线》杂志记者瑞特·阿兰（Rhett Allain）则假设将中国这三年的水泥用量造成一个 0.25 米厚的停车场地坪，这个停车场的面积将达 1 万多平方千米，和夏威夷群岛里最大的"大岛"（Big Island）面积一样大。实际上中国对水泥的"狼吞虎咽"，背后则是其城镇化进程的加速。

　　记得 2003 年，著名经济学家、诺贝尔奖获得者约瑟夫·斯蒂格利茨曾断言："21 世纪影响世界经济的有两件事，一是美国的新技术革命，二是中国的城镇化。"如今，距离这位经济学家发出断言已经过去了十二年,按照常住人口口径计算,目前中国的城镇化率已升至 55%,较 2003 年提高了 14 个百分点,同期中国经济在全球经济中的比重也由 9% 上升至 16%(基于购买力平价口径,按照 2005 年不变价计算),由此来看斯蒂格利茨的预测成真了。

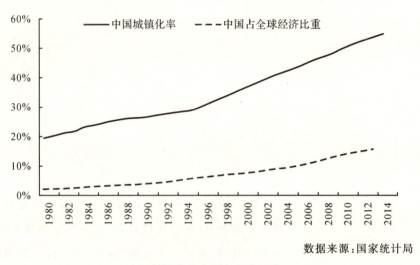

数据来源:国家统计局

中国城镇化与中国占全球比重

然而在快速城镇化之下,目前中国人口超过 1000 万人的特大城市已经升至 15 个,产生出近 2.6 亿农民工的流动人口。与此同时,城市间少配合多竞争,重复建设造成效率低下和浪费,城市财政过度依赖土地出让,城乡居民收入差距不断扩大等问题,已给中国经济造成不小的麻烦。

那么中国城镇化进程的真实逻辑究竟是什么呢? 未来这个进程还会按照既有的轨迹运行吗? 我们又该如何去纠正那些已经存在的不利因素呢?

"葫芦难题"逼"流民落脚"

李克强总理自履新以来,就首先把城镇化列为他的施政重点之一,并且在 2014 年的《政府工作报告》中提出了"三个一亿"的新城镇化路线图：到 2020 年，通过实施户籍制度改革方案，使大约一亿具备条件、也有意愿的农业转移人口落户各类城市和城镇；通过加大棚户区、城中村的改造力度，使大约一亿生活在棚户区和城中村的常住人口改善居住条件；通过加快中西部地区发展和城镇化进程，引导约一亿人在中西部地区实现就近的城镇化。

但中国已经走过的城镇化进程的逻辑究竟是什么呢？笔者先给大家做个"庖丁解牛"。

按照惯例，先看几组数据。

第一组数据：两种城镇化的观测口径。

截至 2013 年年底，按照城镇常住人口的口径（居住超过 6 个月以上），中国城镇化率为 54%，较 2001 年的 37.66% 提高了 16%，即过去十余年间，中国的城镇化以平均每年 1.34% 的速度在推进。但同时中国的工业化程度并没有出现明显的提升（截至 2013 年年底，工业占 GDP 的比重为 37%，较 2001 年的 39% 还下降了 2 个百分点），因此在过去的十余年中，中国的城镇化滞后于工业化的局面得到了大幅度的纠正。

但如果按照公安部公布的户籍口径，截至 2013 年年底，中国的城镇化率仅为 35%，较 2001 年的 27% 仅提高了 8%，也就是说按照该口径，中国的城镇化程度依然很低。不仅如此，中国城镇化的两个衡量指标的差异度，在过去十年间还呈现不断扩大的态势：2001 年常住人口口径和户籍口径的差异度为 11%，到了 2013 年这个差异就已经扩大至 19%。

而正是这一差异带来了有关中国真实城镇化程度的争论，如何理解？接着看第二组数据。

第二组数据：两个"葫芦型"的社会结构。

有关中国人口分布，我们有一个著名的地理概念——"胡焕庸线"，即从黑龙江黑河到云南腾冲之间那条 45 度的倾斜线。中国的城镇化就是人口自这条分割线的西侧向东侧流动完成的，但在如此大规模的人口流动过程中,社会结构也发生了巨大的变化。许志远在其《祖国的陌生人》一书中记录了他于 2007 年沿着这条分割线游历的见闻,他曾就分割线两侧社会呈现出的巨大反差(其称作社会的断裂感),写下这样一段话:"我这一代注定在种种矛盾与冲突中成长,内心的困惑是我们生活的一部分。"借用许志远的"断裂感"似乎能够解释上述城镇化两个指标之间不断扩大的差异度。

截至 2013 年年底,按照常住人口的口径,中国城镇化人口为 7.4 亿人,较 2001 年的 4.8 亿人,增加了 2.6 亿人,剔出十余年间城市人口自然增长的 3000 万人,其余的 2.3 亿人基本可以算作人口由乡村向城市流动的总规模。

同时按照户籍口径,2013 年年底较 2001 年年底的城市户籍人数累计增加了 1.6 亿人,扣除自然增长的 3000 万人后,实际上有 1.3 亿人取得了城市户口,由于十余年间高校毕业人数累计为 5000 万人,那么其余的 8000 万大体为人口流动结果。

而上述两个口径差异中还有约 1 亿人没有城市户口,但被按照常住人口算作了城镇人口。

简单总结一下:十余年间,由乡村向城市流动的劳动力大致在 1.6 亿人(不含考大学、当兵等途径),其中有 8000 万人取得了城市户口,另外 8000 万人则仍是农村户口。即十余年间,在中国城镇化的推进中,一半的人完成了由农向城的迁移,一半的人还处于流动状态。而正是在人口双变(迁移加流动)之下,十余年间中国的社会结构发生了巨大的变化:截至 2013 年,市民(拥有城市户口的)人数为 4.9 亿人,农民人数为 6.3 亿人,农民工(不从事农业生产,但又没有城市户口)2.4 亿人。

笔者把这个社会结构变化形容成"葫芦型"转变:**葫芦头是占 35％的市民,葫芦底是占 47％的农民,连接葫芦两端的葫芦腰是占 18％的农民工。2001 年的人口结构为:市民占 29％,农民占 70％,农民工仅占 1％。也许正是这个"葫芦型"的转变,才让许志远产生了巨大的"断裂感",因为这个葫芦腰是被户籍、地权等因素人为压出来的。**

在笔者对市民、农民和农民工的人口结构的测算结果基础上，按照统计局公布的城镇人均收入和农民人均收入数据，大致匡算：截至 2013 年年底，居民收入结构为市民为 53％，农民为 31％，农民工为 16％，同样是一个"葫芦型"结构，不过这个葫芦和上一个葫芦，首尾互换了，而且和 2001 年的情况相比，这个互换得更明显（2001 年的收入结构比较为市民 40％，农民 47％，农民工 13％）。

那么，如何理解人口结构的"葫芦"和收入结构的"葫芦"的形成呢？再来看笔者的第三组数据。

第三组数据：新的剪刀差快剪不动了。

如果熟悉中国历史，应该对"剪刀差"这个词不陌生——即指计划经济时期，政府通过"价格控制"方式来将资源向工业领域集中，其中重要的一条就是工农剪刀差（1953 年颁布的《关于实行粮食的计划统购和计划供应的命令》，赋予了政府按相对偏低的垄断价格统一收购和销售农副产品的权力，以此对农产品的统购价格和影子价格之间的价差进行扣除，从而降低工业的原材料投入成本，同时降低城市居民的生活费用，间接降低工业的劳动投入成本），随后伴随市场经济体制的建立和完善，上述的工农剪刀差已经消失。

而上文提及的两个"葫芦"，则表明在中国城镇化快速推进过程中（劳动力流动），新的剪刀差却在发挥着重要的作用。笔者把它称作"二元隔离"的汲取机制，即政府通过工农隔离、城乡隔离、内陆与沿海隔离、全国与特区隔离等"二元隔离"的资源配置策略，推动资本有意集中于既定的产业布局之中。

但是如今这种有意为之的隔离对于经济的贡献却在递减。2002—2013 年间，中国 GDP 的平均增长率为 10.1％，同期中国的城镇化率平均每年提高 1.36％，相应对于经济增速的拉动平均为 0.72％（笔者的测算结果），而在 2002—2005 年间，每年城镇化对经济的拉动程度平均曾高达 1.12％，而到了 2013 年这个拉动率已经降至 0.4％。

如何解释这一递减现象，还是要回到人口结构的变化上。正是由于在城乡之间流动人口没有完全实现迁移（严格的户籍制度所致），使得本来应该由宏观经济承担的部分城镇化成本被内化于流动人口本身。特别是在人口大规模流动初期（2001年农民工人口比重仅为1％），这种内化给经济增长本身提供了巨大红利（即众所周知的"人口红利"），同期中国经济与外部市场的结合也在提速（2001年加入WTO，但是中国出口占GDP的比重为20％，到2007年比重已经快速升至35％，那所谓的全球化红利），这样就出现了内部劳动力和外部市场"双红利"推动下的高速增长。

但是这个高速增长产生的经济福利并没有按照要素贡献的格局来进行分配，进而导致上文中居民收入"葫芦型"结构的形成，而且这种结构也正是中国城镇化部分成本内化的必然结果。

但伴随迁移人口的不断增加，社会居民整体的经济诉求也在提升（包括收入、社会保障等），旧有的红利效应开始趋弱，巧的是，2008年的经济危机又把外部市场红利极大地削弱，由此产生了一个转变：原来"双红利释放"下的高速增长变为了"双红利衰减"下的经济降速。

另一方面，正是由于还有2.6亿人游离于城乡之间，即"二元隔离"并没有完全消失，反过来抑制了本应有的消费需求（一张小小的户籍本，却产生了巨大的诸如社会保障、医疗、子女入学等后顾之忧）。如果再考虑收入分配上两极分化的问题（据西南财经大学的调查，2010年中国家庭收入的基尼系数为0.61，城镇家庭内部的基尼系数为0.56，农村家庭内部的基尼系数为0.60），则还会进一步削弱收入预期，加重后顾之忧。

未来怎么办，笔者先说个思路，供读者参考。

未来城镇化推进的首要任务——流民落脚。

对于中国城镇化走过的道路，笔者觉得，是不是可以用这样几个小画面来总结：像当年"离土不离乡"的乡镇企业（如今已被界定为"村村点火，镇镇冒烟"），到后来"离土又离乡"的外出打工（诸位看官是否还记得1991年热播的陈小艺主演的电视剧《外来妹》），再到后来中国加入WTO，农转非一下子变成了农民工,这三个阶段均指向中国城镇化已走过的路程,核心的东西是资本吸纳劳动力。而如今城镇化之路究竟该如何接着走并走好呢?是继续沿着此前在政府有意为之的资源配置和收入分配之下,继续推动人口的流动,但仍限制人口的迁移,还是要另辟蹊径呢?

笔者觉得,如果本书中有关人口和收入"两个葫芦"的结构型变化,以及在该变化下既有的城镇化对经济拉动的趋弱的结论成立,那么未来城镇化在路径选择上,首要问题就是解决好游离于城乡之间的 2.6 亿人口的问题,即让他们落脚于城市。只有如此,才能消除一部分制约中国经济未来发展的后顾之忧。

在这儿,笔者引用《落脚城市》的作者道格·桑德斯的一句话作为本节的小结:"落脚城市是一部转变人类的机器,只要让落脚城市充分发展,这部机器即可开创一个可持续的世界。"

人粮矛盾下的"市民返乡"

在上文中,笔者提出,"未来城镇化在路径选择上,首要问题就是解决好游离于城乡之间的 2.6 亿人口的问题,即让他们落脚于城市。只有如此,才能消除一部分制约中国经济未来发展的后顾之忧"。但是围绕中国城事,制约中国经济发展的因素绝不止这一点。

还是先看几组数据。

第一组数据:中农办主任陈锡文在 2013 年中央一号文件的新闻发布会上指出:"尽管 2012 年我国粮食产量创下历史新高,但同期粮食进口也创下了新高。这说明,农业发展速度仍然明显赶不上社会对农产品需求的增长速度。**随着城镇化进程的加快,农民变成市民之后,生活方式、生产方式改变了,饮食结构会有非常大的变化,农产品供给与需求的矛盾还会加剧。**"

第二组数据:时任国务院发展研究中心副主任韩俊在"第三届中国县

域经济发展高层论坛"上指出:"**我们国家的粮食供求总量是趋紧的,而且结构性的矛盾现在越来越突出**。谷物进口可以用激增来表述,2008 年我们国家进口的谷物,主要是稻谷、小麦和玉米,154 万吨,2010 年达到了 570 万吨。2011 年是 540 万吨,2012 年激增到 1302 万吨。大豆的进口可以用飙升来概括,1996 年以前我们是出口大豆的,1996 年开始进口 100 万吨大豆,2012 年进口的大豆 5806 万吨,即我们把全世界可以出口的大豆的 60% 都买来了,我们大豆的自给率只有 20%。2012 年进口的谷物是 7700 多万吨,相当于 1550 亿斤,若按一个人一年吃 800 斤粮食,2012 年相当于我们进口的粮食养活了 1.9 亿中国人,**我们的粮食自给率已经跌破 90%**。"

第三组数据:农业部数据显示,2012 年,我国农产品出口 632.9 亿美元,进口 1124.8 亿美元,贸易逆差为 491.9 亿美元,同比扩大 44.2%。其中小麦、玉米、稻谷和大米等谷物进口量大幅上升,净进口 1296.7 万吨,增长了 3.1 倍。此外,食用油籽进口超 6200 万吨,食用植物油进口近 1000 万吨。其中大豆进口 5838.5 万吨,同比增 10.9%,再创历史新高。统计数据显示,近年来中国大豆进口呈现逐年上升趋势,2012 年进口量相比 2004 年增长 189%。

第四组数据:海关总署数据显示,2012 年我国粮食(包括谷物、大豆等)进口量总计 8025 万吨,进口额 421.4 亿美元,同比增幅超过 25%。以 2012 年我国全年粮食产量约 5.9 亿吨来计算,进口量占粮食总产量的比重达到 14%。

之所以引述上述几组数据,笔者只想提出一个问题:**既然中国的粮食生产已经实现了"十一连增",而期间中国的人口总量仅净增加了 7555 万人,但中国的粮食供需依然没有摆脱"紧平衡"的局面——在中国粮食产量"十一连增"的背景下,竟没有出现经济学教科书上典型案例"谷丰伤农"。按照统计局数据计算,2003—2014 年期间,中国的粮食年产量由 43070 万吨增至 60710 万吨,年均复和增长率为 3%,但同期中国粮价却翻了一番还要多,年均复和增长率为 7%,在中国出现了罕见的粮食"量价齐升"的局面。**

粮食"量价齐升"的原因何在？

对于粮价在粮食产量连年增长的背景下不降反升的原因，说的最多的就是中国居民的消费结构升级所致，即肉蛋吃的多了，油用的多了，奶喝的多了（参见发改委价格监测中心徐连仲的《我国粮价十年上涨逾两倍》）。但按照统计局公布的城乡居民主要食品消费量的数据计算，近十余年来，中国居民食品消费结构变化最大的就是农村对于粮食消费量的减少。2003 年农村家庭人均粮食消费量为 222.44 千克，到 2012 年降至 164.27 千克，同期农村家庭人均对于食油、肉禽蛋等的消费量只微幅增加，而相比之下城市居民的食品消费则相对稳定。因此，仅用居民个体的食品消费升级并不能完全解释当今中国粮食"量价齐升"的局面。

同时观察十多年来城乡人均食品消费的情况，城市居民与农村居民的食品消费支出的比例关系则基本稳定在 2.6 倍左右。

所以，笔者认为导致粮食"量价齐升"的根源在于人口的变迁，即劳动力由农业领域向非农业领域的转移所致。

在上篇中，笔者曾做过一个测算：在过去十余年间，大约有 8000 多万劳动力"完全脱离"农业生产，8000 多万人则是"半脱离"农业生产，这就意味着伴随劳动力从农业生产向非农生产转移的同时，这部分人口的食品消费总量是在增加的（如上文所测算的结果，城市居民的食品消费支出是农村居民的 2.6 倍），在此种"一增一减"的变化下，自然就出现了粮食"量价齐升"的局面。

可见中国粮食紧平衡的局面，最主要的原因是来自粮食需求方面，而其背后则是城镇化带动下的，大量劳动力脱离了农业生产的同时，食品消费结构也由农村模式转向了城市模式。那么未来伴随农民工完全落脚城市之后，来自粮食需求层面的压力必将只增不减，另一方面粮食供给层面得益于粮食单产提高的增加空间已经不大。

粮食紧平衡的化解之路——市民返乡。

笔者对于农业种植实属门外汉，但费孝通在其《乡土中国》一书中质疑

J. L. Buck 的数据时举的一个实例,却已经解释了粮食单产改善的极限问题。费老在文中指出:"在我经验中最多的一支稻穗能带 300 粒谷子,这种多产的稻穗已经不容易直立。600 粒谷子一穗,乡下人见了准会认作神仙显灵。事实上这是不可能的,因为稻秆绝不能承载这重量。"大家都知道一句谚语:"压倒骆驼的最后一根稻草",同理自会有"压倒稻草的最后一个谷粒"——单产提高不是无限度的。这里补充一个有意思的小插曲,英国《卫报》曾报道称,在印度东北部比哈尔邦,当地一名农户所种的稻米每公顷单产高达 22.4 吨(约合每亩 2986 斤),超过了袁隆平创出的每公顷 19.4 吨的世界纪录,也超出了国际稻米研究协会和美国基因改良公司在试验室条件下所创造出的纪录,袁隆平对此的评价是:"百分之一百二的假家伙,吹牛皮。"

既然不能单纯指望自然科学领域独立解决如今中国的粮食供给问题,而城镇化和工业化进程又是不可逆的(粮食需求还要增加),那么解决问题的路径就只有提高农业生产的劳动生产率,而在农业生产领域劳动力仍处于流出状态下,劳动生产率的提高更多地需要集约化、专业化来实现规模经济(即实现温铁军在《解读苏南》一书中提出的"组织租"——所有基于团队协作产生的额外收益)。实际上,提高农业生产的集约化、专业化已经多年体现在中央一号文件中,但由于在城镇化和工业化初期,第二产业的劳动生产率要远远高于第一产业,因此在追求更高回报率的要求下,资本并没有很强的动机进入农业生产领域,再加之农村联产承包制度的长期刚性,实际上在一定程度上固化了中国农业生产的小农经济生产方式,进而限制本质上追求社会化大生产的资本进入。

截至 2013 年,第一产业就业人数为 2.42 亿人,比 1990 年的就业人数峰值减少了 1.47 亿人,相应就业人员中第一产业的占比也由 1978 年的 70%降至 31%。笔者觉得长久以来存在"人口压力压碎了农场"的障碍正在逐渐消失(费孝通在《乡土中国》中讨论中国农场制时,指出"人一代比一代多,大家争着这块有限的土地,农产怎能不一代比一代小?"),暗示着社会化大生产方式的资本进入农业领域的可行性条件在提高。所以笔者给出的建议是"市民返乡",这里的返乡并不刻意强调城市居民的再次迁移,而是强调城市社会资本向农业领域的进入,其中包括农业生产方式的调整,农村领域经营方式的转变。通俗地讲就是,通过社会化大生产和合作经营的扩大,提高中国有限耕地的利用率(一个简单的例子,在单产提高有限制的条件下,通过提高土地的轮作频率,也能实现产量的增加,但这需要农业生产由小农方式向社会化大生产方式的转变,也需要资本的进入),进而缓解未来伴随农村劳动力完全脱离农业生产带来的粮食紧平衡局面的恶化,也才能为笔者上文中提出的城镇化路径铺设安全垫。

人口红利的秘密是"起早贪黑"

在"中国城事"的前两节中,笔者和大家聊了如何能够真正实现城乡间人口和资本的有效双向迁移:一方面可以解决目前中国"半城镇化"的困局,2.6亿名的农民工完成市民化转变;另一方面可以有效提高农业生产效率,解决农业劳动力减少下粮食供给充足的保证。但中国城镇化还有一个东西必须理清,即维系中国多年高增长人口红利的真正含义,因为此点事关未来以人为核心的城镇化推进过程中,保持经济增长的抓手如何确立——内需的启动,不然,没有经济真实增长的城镇化必然是难以为继的。

目前,按照学界共识的说法,**中国的人口红利主要是指适龄劳动力人口占总人口比重较大,抚养率较低,为经济发展创造了有利的人口条件,推动经济形成高储蓄、高投资和高增长的局面。**

联合国的数据显示,中国 15 ~ 64 岁的人口比重在 2010 年达到 73.51% 的峰值之后,就已经开始出现趋势性下降,至 2013 年已降至 73.09%,同期 65 岁以上的人口比重则升至 8.8%。

中国统计局的数据显示,中国经济活动人口占总人口的比重也由 2005 年的 60%,降至 2013 年的 58%。

这些数据均表明，从整体人口的结构变化上看，中国在 21 世纪的头十年确实经历了适龄劳动力人口比重不断提高的红利时期，按上述不同指标界定，此红利大致在 2005 年前后达到峰值。

无独有偶，在红利峰值时期，中国经济也确实出现了自改革开放以来的第二次连续五年经济增速超过两位数的阶段：2003—2007 年，GDP 增速依次为 10％、10.1％、11.3％、12.7％ 和 14.2％，而且 2007 年第二季度 GDP 增速更是高达 15％。而第一次出现在 1992—1996 年期间，GDP 增速依次为 14.3％、13.9％、13.1％、11％ 和 10％，1992 年第四季度 GDP 增速曾高达 17.3％）。可见在要素红利推动下，中国经济的宏观运行确实呈现出了一派繁荣景象。

但同时比较观察过去十余年间土地要素和劳动力要素的价值重估，劳动力的价值却始终存在制度性的低估，进而导致在劳动力供给不断增加的同时，个体劳动者不仅没有减少有效工作时间，反而是采取了被动延长劳动时间的做法来增加劳动总收入，以满足基本的生活消费需求，笔者把此现象称作中国人口红利在微观层面呈现出劳动个体"起早贪黑"的特征。 典型的微观案例有：出租车司机的超负荷工作、低端劳务提供等服务行业的频繁加班（例如家政等行业）。

为了进一步说明中国劳动力红利"起早贪黑"的特质，笔者按照"双化程度"（工业化和城市化），选取了北京、上海、广东和江苏四个省市的地区样板数据，进行了比较分析。需要补充说明的是，之所以选取这四个地区，原因是这四个地区分别代表了工业化和城镇化不同深度的中国局部。北京已完成工业化和城镇化；上海已完成城镇化，工业化进入后期，北京、上海两地的双化程度基本和欧美日发达经济体相当；广东工业化正处在峰值，基本完成了城镇化；江苏则处在工业化和城镇化不断加速的阶段；而且这四个地区的经济总量占全国的比重达到了 25％，因此，具有一定的普遍性。

笔者分别选取四个地区的最低工资人群为样板数据，考察了其按照正常的工作时间获取的劳动收入和居民基本生活支出的情况（衣食住行的支出）。样板数据显示，无论是在城镇化高的北京和上海，还是工业比重高的广东和江苏，**最低收入人群在正常工作时间内获取的收入，并不能完全覆盖居民基本的生活支出**。

（1）四个地区的居民基本的"衣食住行"开支在整体消费中的比重，基本稳定在 70％左右，大体上和全国的平均水平相当，其中广东最高，北京最低。

（2）从四个地区的就业情况来看，2007 年至 2012 年间，北京、上海的新增就业主要集中在第三产业，广东第二产业新增就业人数是第三产业的 2 倍左右；江苏第二产业和第三产业新增就业大体相当，但与其他三地不同的是，江苏整体新增就业人数基本没有增长，第二、三产业的新增就业人主要来源于第一产业的迁移；相应其他三地新增就业主要来源于外部地区劳动的流入。

（3）与新增就业的产业分布不同对应，四个地区最低收入人群的劳动收入与衣食住行消费支出的比呈现出不同变化：其中北京和上海的变化属于改善性的，2007 年北京、上海最低收入人群的劳动收入与衣食住行消费支出的比值分别为 87％、84％，到 2012 年则分别升至 95％和 96％；同期广东的比重由 2007 年的 53％升至 2012 年的 70％；江苏的比重却由 2007 年的 98％降至 2012 年的 85％。

从上述笔者摆的三组地区样板数据，大家大致就能够得到三个结论：

首先，危机以来，不同发展地区居民的消费支出结构并没有发生显著的变化，衣食住行依然是居民最为主要的消费支出；

其次，即便是城镇化程度高、已进入后工业化的北京和上海，对于最低收入人群而言，其正常的劳动收入也不能完全覆盖衣食住行的基本消费支出（衣食住行占消费总额的 70％左右），更不要说覆盖文教娱乐、医疗保健等其他占 3 成的消费支出；

第三，城镇化和工业化进程最快的地区，最低收入人群的实际收入情况则呈现恶化态势，例如江苏。

虽然包括决策层在内的各界一直以来强调经济结构升级或者结构优化、提高经济质量，用通俗的话讲，实际上就是通过合理的制度变迁，实现生产要素的价值重估。而好的制度性安排就是能够推动微观经济层不断找寻价值洼地，即"好钢用在刀刃上"，那么相应在政府的有意和市场的有效共同推动下，宏观产业布局的调整就水到渠成。但实际的数据却显示，中国劳动力红利在微观个体上的"起早贪黑"的特质。其背后的主要原因是什么呢？

笔者的答案是：**自1978年启动改革开放以来，实际上一直存在着一个被大家所默许的东西，即快速完成资本积累。在这个默许之下，通过人为压低劳动力价值，为其他生产要素提供高回报率的组合可能，相应在地方上才渐次出现了招商引资热、卖土地热、盖楼热、出口热等经济发展策略的实施。**为了保证这些经济策略的执行，客观上要求劳动力价值的制度性低估，在此之下，劳动力微观个体只能被动地延长劳动时间，以维持基本的生活开支，这样又进一步增加了劳动力对于其他生产要素积累的补贴。这一格局对于政府的好处就是政府在国民收入分配中的比重不断提高，进而也能够保证政府推行其主导下的产业布局。笔者认为，此种经济逻辑才是中国人口红利之所以能够带来宏观经济高速增长的核心。

但是伴随中国经济的发展，特别是劳动力人口的年龄结构、性别结构、地区结构以及教育背景结构均发生了深刻变化，上述经济逻辑很难得以延续。**劳动力红利（包括宏观和微观）消失后遗留下的价值缺口如何填补，如何发现新的价值洼地，均成为未来城镇化推进中亟须解决的问题。这些问题不解决，未来城镇化必将是空中楼阁，最终只能是水中捞月。**

两个方式的断裂

在"中国城事"最后一节，笔者想和大家聊聊自己对"城事"的整体看法,因为在这个故事的背后,中国社会还隐藏着一个巨大的断裂。

2013 年政府换届之后,作为履新后的首次"接地气"的调研,李克强总理选择了长三角,首站则是无锡新桥镇小城镇规划建设情况的考察,可见城镇化在他心目中的位置。实际上早在 1991 年,李克强就曾在《论我国经济的三元结构》(该文获得了 1996 年度孙冶方经济科学奖的论文奖)一文中指出:"不论是通过农业人口大量涌入城市,还是依靠在城市中扩张工业部门来转换二元结构,都不仅是不可取的,也是不现实的。那么,只能把注意力转向农村,就地实现剩余劳动力的转移,通过弱化二元结构的强度,来打破固有的平衡,形成国民经济结构的新局面。"这反映出早在二十多年前,他已经认识到单纯依靠"工业+资本"的快速积累无法完成中国现代化的重任。

如今,李克强当年所担忧的中国经济二元直接转换下必然出现的结构失衡性问题,不仅真的出现了,而且问题还更加复杂化了。在格外重视工业产值经济的发展观下,中国经济确实实现了多年高速增长,但与此相伴随的是,中国社会结构也出现了巨大的断裂。按照常住人口计算,截至 2014 年年底,中国的城镇化率已经升至 55%,意味着已经有接近 7.5 亿的人口生活在城镇里,但同期拥有城镇户口的人口却只有 4.8 亿人(目前全国非农业户口人口所占比重达 35.33%),由此相差出来的这 3 亿人,是**有史以来人口数量最多、但又是双重身份的阶层——就业、生活在城市,户口在农村,在身份双重的背后实际上是社会居民在"生老病死"和"衣食住行"的双重境遇,即城乡居民之间在公共服务、社会福利、就业保障、教育医疗、养老等方面差距的扩大。**

在不断扩大的社会断裂缺口之下,社会整体运行和管理的交易成本相应不断提高。以 2013 年的国家财政支出为例,公共安全支出占财政支出的比重已经高达 6%,支出总额为 7690 亿元,在 24 项支出中位列第 8 位,高于国防支出、环境保护、科学技术、文化、外交等项目的支出。而交易成本的上升,实际上意味着社会运行和发展效率的受损,对于社会管理者而言,则意味着干预社会的半径被动性扩大,进而导致各地方政府在推动经济增长和维持社会稳定的双重目标下,不得已做起了卖地生意。据国务院发展研究中心刘守英老师的测算,1999—2009 年期间,国有土地出让收入成交价款与地方财政收入之比从 0.092∶1 提高到 0.437∶1,然而在此种被动逻辑下,社会矛盾反而更加显化。刘守英在其《征地制度亟待改革》一文中就曾公布了他们的调查结果:"2003 年以来 127 起媒体报道的征地冲突事件中,有 72 起为极端方式。"

由此可见**对于现在的政府而言,显然"保住经济增长""社会就会稳定"的思路已经很难适应当下的形势**。对此,李克强在 2013 年全国"两会"的首场媒体秀上,已经明确指出"新型城镇化是以人为核心的城镇化",并且还首次诠释了"中国经济升级版"的含义:"中国有有利的条件,有巨大的内需。关键要推动经济转型,把改革的红利、内需的潜力、创新的活力叠加起来,形成新动力,并且使质量和效益、就业和收入、环境保护和资源节约有新提升,打造中国经济的升级版。"

但是如何实现新型城镇化推动下的中国经济升级?那么话题就又回到了对我们已经历的城镇化进程的理解上。

这里先摆 1996—2014 年期间的几个数据,因为从 1996 年开始,中国城镇化进程就以每年超过 1 个百分点的速度在推进,十八年间累计升幅达 24.5%。

1996—2014 年期间,中国名义 GDP 增长了接近 9 倍,剔除物价因素后的实际值增长了 5 倍,工业产值增长了近 8 倍,整体劳动者报酬名义值增长了 8 倍(城乡居民收入比超过 3 倍),财政收入增长了 20 倍,物价累计增长了 52%,食品价格累计增长了 102%,房价涨幅更是惊人。在如此种种数据的背后,大致可以看出,**在工业化和城镇化推动下的经济高速增长下,居民的实际收入不仅没有得到应有的提高,这其中有通胀的因素、有收入分配的因素,还有经济增长本身的因素等,反而在城镇化率推动下,生活成本水涨船高。**

　　而在这种变迁的背后,实质上却是指过去中国经济增长的逻辑在于,**通过人为压低劳动力价值,为其他生产要素提供高回报率的组合可能,因此才有了招商引资热、卖土地热、盖楼热、出口热等。**因为一直以来,始终存在着一种认识,就是在中国相比工业化资本、工业化用地等要素而言,劳动力要素相对充裕,而在高增长、快发展的目标下,就需要劳动力要素对于工业化和城镇化的补贴,尤其是来自农业劳动力的补贴。而更为要命的是,伴随居民间收入差距的扩大,被社会标榜的生活标准无形中被高收入人群抬高,广大低收入阶层只能通过不断增加劳动时间来保持生活质量不要降得太快,而城市社会的满足感也逐渐滑落到只要拥有像苹果手机这样的产品,就能显示自己的与众不同。因此,**虽然中国城镇比重已经过半,但更像是生活方式的城镇化——吃在城里,住在楼里,过节在车里,养老在乡下,但最为核心的生产方式却依旧是非劳动力要素对于劳动力要素的侵占。即在当下,中国社会断裂的背后,实质是生活方式和生产方式的断裂,那么在这种断裂下,经济显然无法实现平衡增长。**作为"中国城事"的结语,笔者想引用本人导师杨照南先生的一个疑问:"城镇化概念要细化。当今世界,属于生活方式区域分布的概念有四个:村落、集镇、城市、城市群。目前中国只有前三种,第四种在形成中。生活方式是生产方式决定的。集镇化产生于农场制,城市化产生于单一工厂制。没有农场制,何来城镇化?农村都是农户制生产方式,非要搞城镇化,有基础吗?"

事外话:中国经济转型的显微镜观察

　　　　本文于 2012 年 4 月发表于 FT 中文网。本文的写作背景:虽然 2008 年爆发了全球金融危机,2008—2011 年期间,中国经济平均增速依然高达 9.8%,但从 2012 年开始,中国经济开始持续下行,由此也带来了对于中国经济内在逻辑的争论。本文就是在回答这个问题:经济增长的两个样板间,实际上就是劳动力和资金两个要素的变化。还有就是《春天的故事》《走进新时代》《走向复兴》三首歌，则刻画出中国经济增长的逻辑。

从 2008 年 9 月 15 日雷曼兄弟宣布破产算起，危机已经走过了近四年的时间，在这短短的四年中，危机的矛盾点已由最初的银行信用危机转为主权债务危机，未来在欧元区危机的嬗变之下，甚至还会向货币危机嬗变。这期间全球经济则经历了经济失速、经济复苏、经济复苏受阻三个阶段——国际货币基金组织的数据显示，2008 年至 2011 年全球 GDP 实际增速分别为 2.8%、-0.6%、5.3% 和 3.9%。而全球经济的一波三折，无疑对中国经济产生了深远的影响，温家宝总理就曾用"最困难""最不确定"来形容危机爆发后中国的经济形势。正是在这"两最"之下，中国政府实施了有史以来规模最大的经济刺激计划，包括两年内的 4 万亿元政府投资和三年间的 25 万亿元信贷投放，同时中国宏观调控政策也出现了史无前例的频繁调整，调控的目标不断在保增长和控通胀之间来回游荡。

在刚刚经历了 2011 年的通胀冲击之后，中国经济增速开始放缓，至 2012 年第一季度，GDP 增速已经回落至 8.1%，不出意外的话，第二季度增速将下滑至 8% 以下，从而出现罕见的连续六个季度下滑，由此宏观调控的目标再一次回调至保增长。但海内外各界对于中国能否延续自 20 世纪 80 年代以来的持续增长态势存在争议，争议和质疑之下，短期经济增长目标和经济结构合理下的长期健康运行又一次被放到决策者的调控天平之上，如何权衡成为一个两难的问题。

因为虽然此次危机终结了自 20 世纪 80 年代以来的全球化浪潮，但是我们的舌尖依然残留着浪潮盛宴下的味道，还对全球携手并进的格局充满依恋，在这种依依不舍之下，难免对于经济和政策给予厚望。而回顾自 20 世纪 80 年代以来，在中美联手推动下，世界经济确实出现了一轮长达二十年之久的全球化高潮，全球经济总量由 1990 年的 24.8 万亿美元增至 2009 年的 70 万亿美元，增长了近 3 倍之多，二十年间经济增速平均为 3.3%，同期的世界贸易平均增速为 5.8%。更为重要的是美国的财富梦和中国的创业史,曾经一度成为分处不同发展阶段经济体的榜样,而中国在这一轮的表现则更为抢眼,中国在世界经济中的比重由 1979 年的 1.8% 升至目前的 10%,进而被冠以"中国模式"的称号。

如今危机正通过特有的方式在考验着中国,而未来中国之路如何开展,不仅取决于外围经济环境的走势,更为重要的是取决于我们把握自身方向的能力,毕竟下一次经济盛宴不会自动袭来,需要我们能够准确分析危机前后中国经济运行的变化。因为只有找到经济的真正病灶所在,才能对症下药,让经济复归增长轨迹。笔者就此谈一些自己的认识——有别于最常用的经济周期分析,本文尝试以另外一种视角来分析中国经济演变的逻辑。

显微镜视角

如果说中国经济走过的三十年高速增长之路,是缘于人口红利、制度性变革、全球化扩展等因素共同推动下的中国后发优势的逐渐释放,而始自 2008 年的金融危机,则首先打破了中国既有经济运行模式的外部条件,随后又加速催化了内部结构性矛盾,而近期包括温州民间融资危机、深圳的负增长、京沪穗渝等城市财政收入的负增长在内的局部异变,则更直观地映射出当前中国经济转型中的难题,因为这些发生异变的地区一直以来都是中国经济的样板间。如今样板间却出现了陈旧老化之象,真实地反映出中国经济转型中的最大难题,即曾经是样板间的领先区域如何提前跨过转型大关,而这一问题的提出再一次提醒经济分析者们,分析中国经济问题不仅要用好望远镜(整体宏观数据的周期性分析),还要用好显微镜(局部样板的分析)。

如果按照经济要素来区分中国地方经济,大致可分为资本活跃地区、吸纳劳动力地区、资源优势地区和政策优势地区,其中又以资本活跃地区和吸纳劳动力地区最为典型。正如描绘 20 世纪 80 年代改革开放初期景象的歌曲《春天的故事》中所唱:"一九七九年那是一个春天/有一位老人在中国的南海边画了一个圈／神话般地崛起座座城／奇迹般聚起座座金山……一九九二年又是一个春天／有一位老人在中国的南海边写下诗篇／天地间荡起滚滚春潮／征途上扬起浩浩风帆……"

中国经济改革开放中最关键、最重要的一环，就是通过体制和机制的变革（市场化），让资本（包括内资和外资）和劳动力（农村劳动力的非农就业转变）得以有效结合，再辅之以全球化下外部市场（外需）与内部产能的对接，从而实现中国经济内部改革下结合和对外开放下对接，促使中国成为过去三十余年间全球最具活力的经济体，中国经济在世界中的比重得以快速提升（由 1979 年的 1.8% 升至目前的 10%）。而在此期间中国经济是不缺样板间的，诸如苏南模式、苏北模式、温州模式、广东模式、深圳模式、东莞模式等，各地在经济活跃地区的示范效应带动下，释放出极强的增长活力。

雁型理论的中国实践——两个样板间

如果说发展经济学中的最著名的雁行发展理论[①]，首先在日本落地而生出了"日本奇迹"，那么中国的实践则更是该理论最完美的注释。20 世纪 80 年代初期，中国经济面临的主要问题是资本、技术、管理和调配劳动力能力匮乏下的产能严重不足，最终表现为总量矛盾下的短缺经济格局。而改革开放则是通过体制、机制的变革，使得外部资本得以引入，内部资本得以快速积累和盘活，资本和劳动力得以有效结合，技术与管理得以大幅提升，内部产能和世界市场得以对接，而且是通过局部带动整体的推进轨迹来完成的，其中尤以资本和劳动力这个结合最为突出。

改革开放以来，以浙江为首的珠三角地区逐渐成为中国资本最为活跃的地区，1978 年浙江省的金融业增加值占全国金融业增加值的比重为

---

① 雁行发展理论（the flying-geese model）1935 年由日本学者赤松要（Akamatsu）提出，指某一产业在不同国家伴随着产业转移先后兴盛衰退，以及在其中一国中不同产业先后兴盛衰退的过程。

2.77％，到 1992 年已升至 4.81％，2001 年升至 5.98％，2006 年达到 10.45％，其涨幅远远超过浙江省在全国经济比重的涨幅，同时浙江省也成为民间资本最活跃的地区。

与长三角相对的就是以广东为首的长三角地区，伴随中国外向型经济模式的确立，广东依靠其独有的外贸优势和政策空间，逐渐成为吸纳劳动力能力最强的地区，其以外贸加工为主的工业产能快速提升。1978 年广东省的工业产值占全国工业产值的比重为 5.39％，到 1992 年已升至 10.7％，2001 年升至 12.63％，2006 年达到 14.71％，其涨幅同样远远超过广东省在全国经济比重的涨幅。

同时这两个省份的经济比重（GDP 比重），由 1978 年的 8.49％，到 1992 年已升至 14.2％，2001 年升至 17.27％，2006 年达到 19.39％，在危机前基本占据了中国经济的二成左右；两省的人均 GDP 与全国平均水平的比更是由 1978 年的 90％左右，升至 2006 年的 200％左右。

伴随 1978 年改革开放、1992 年南方谈话、2001 年加入 WTO 等阶段性体制变革突破，中国三十多年间的高速增长，从地区实行路径上，则表现为像浙江和广东这样的样板间的带动下，按照头雁领航、尾雁跟随的模式逐渐展开，所以在珠三角和长三角之后，全国一片招商引资热、开发区热等等。正如另一首歌——《走进新时代》的歌词描绘的那样："总想对你表白我的心情是多么豪迈/总想对你倾诉我对生活是多么热爱/勤劳勇敢的中国人意气风发走进新时代/我们唱着东方红当家做主站起来/我们讲着春天的故事改革开放富起来/继往开来的领路人带领我们走进新时代/高举旗帜开创未来……"

全球危机掩盖了样板间的退位问题

但上述雁行理论的中国实践在危机前已经开始发生变化，2000—2007 年资源优势地区已经超过浙江、广东两省的增速，危机后一些原来的劳动力输出地区也相继超过浙江、广东，旧时头雁现在已经变成了尾雁。而笔者认为正是中国雁型梯队队形的变化，才是 2007 年股市、房市泡沫的"真凶"，背后则是在实体经济层面原来行之有效的资本和劳动力的结合方面遭遇了瓶颈，才会有始于 2007 年以钱炒钱的虚拟经济泡沫化嬗变。只是 2008 年爆发了全球性金融危机，让本来已经浮出水面的样板间退位问题被掩盖了。

总结

样板 1：浙江——代表中国的民间资本，浙江老板们的资金流向往往代表着高回报领域的出现，如今这些老板中跑路了不少，反映出其自身资金链紧张，同时也反映出对于资本而言，如今高回报的投资越来越少。

样板 2：广东——代表劳动力，广东加工企业的用工需求，往往引导着中国劳动力市场的起落，如今是沿海用工企业在西迁，沿海当地则出现用工荒。

两个样板间的变化，反映出维系多年的中国经济故事中最动人的章节——资本和劳动力结合，已经开始变奏，而样板间的转型成功则是决定中国经济转型成功与否的先手，如果走好，那么先头部队就可以跨过经济转型大关，继续发挥头雁的作用，为其他地区开好路，为全国经济布局奠定好基础；如果走不好，那么经济转型还将是雾里看花。

最后笔者想用《走向复兴》中一段歌词作为本文的结语——"我们迎着初升的太阳/走在崭新的道路上/我们是优秀的中华儿女/谱写时代的新篇章/我们迎着风雨向前方/万众一心挽起臂膀/我们要把亲爱的祖国/变得更加美丽富强……"同时也期盼转型时代的主题曲尽快形成。

中国策事

虽然早在 20 世纪 30 年代末,英国经济学家凯恩斯就已经提出了宏观调控的概念,但这一名词进入中国却仅仅是近二十多年的事情。在 1989 年的政府工作报告中,"宏观调控"被首次提及,而真正开始发挥作用,是 1992 年确立社会主义市场体制之后的事情,至于说政府通过明确的财政和货币政策的取向来向全社会表明政府在一定时期内的经济管理工作方向,那更是 1996 年后的事情了。所以我们的宏观调控还是一个小孩子,既然是小孩子,那就难免犯错,因为经验不足,何况期间还经历了 1997 年亚洲金融危机和 2008 年全球金融危机,再加之我们始终还有一个快速进入发达国家的目标,所以就看到了总量扩张在宏观调控中一直处于主导地位。而在这次反危机干预中,总量扩张的宏观调控更是用到了极致,相应中国人民银行的总资产则由危机前 20.7 万亿元扩张至目前的 34 万亿元，全国财政年度支出额更是由不足 5 万亿元膨胀至 15 万亿元。

　　如今，伴随经济增长的逻辑发生了变化，结构性的目标越来越重要，我们的政策又该怎么转变呢？

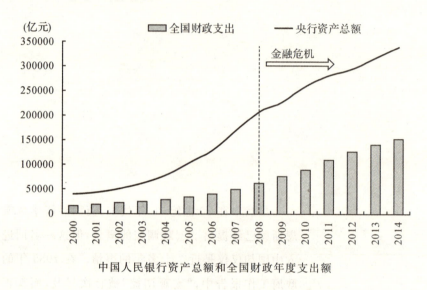

中国人民银行资产总额和全国财政年度支出额

央行的逻辑

　　2008 年全球金融危机爆发至今，中国人民银行无疑是中国最忙碌的政策部门之一（差不多也是全球最忙的政策部门），而货币政策无疑也是近些年中国政府动用的最多的宏观调控手段，但是对于这些货币政策，一直却存在争议，其中有质疑，当然也有赞许。以笔者的理解，之所以出现此种局面，实际上暗含了外界对于中国政府货币政策调控逻辑的理解不一，就像"坐在米缸里数米"，怎么也数不清。那么笔者就来个"坐在米缸外数米"，和大家谈谈自己对政策的看法。

　　中国人民银行的目标为什么要修订？

　　要观察中国人民银行的举动,首先离不开对宏观经济的判断,那么当前中国经济的实景究竟是什么呢?官方对此界定为"三期叠加",即中国正处在经济增速换挡期、结构调整阵痛期和前期刺激政策消化期。而笔者认为,除此之外还需要补充一个"期"——红利因素转换期,这个转换就是十八届三中全会《关于全面深化改革若干重大问题的决定》中那条最重要的改革目标——使市场在资源配置中起决定性作用。**但是在这个"决定因子"形成之前,客观地讲,中国经济不会给你带来太多的惊喜,更多的是等待,等什么?** 等新的制度性红利再次集中释放,就像20世纪80年代初(十一届三中全会)和90年代初(1992年邓小平的南方谈话)时那样。

　　有了上述认识,就不难理解,为什么在2014年5月份,中国人民银行行长周小川在清华五道口全球金融论坛演讲中,将中国人民银行的政策目标进行了一次重大的修订。

　　而就在2011年7月,周小川在国际经济学会第16届全球大会上曾表示:"中国中央银行有四个目标:保持低水平的通货膨胀、促进经济增长、保持相对较高的就业率以及保持国际收支平衡。"但在2014年五道口论坛上,周小川不仅首次明确表示"把改革发展也作为中国人民银行的重要目标",而且还把前四个目标修订为"低通胀、保持适度经济增长、创造适度的就业机会和保持国际收支平衡"。中国人民银行目标的增加和修订绝不仅仅是口头落实最高决策层的意图,从近两年中国人民银行的实际调控思路来看,尤其是2013年4月份债券市场的规范和6月份的"钱荒"之后,实际上中国人民银行将更多的着眼点落在了"改革发展"之上。具体而言,就是快速推进中国金融体系的市场化进程(或者叫作金融改革的深化),主要包括利率市场化、人民币汇率形成机制、人民币国际化、现代金融组织体系和多层次金融市场体系完善。

　　中国人民银行的难题是什么?

　　说到在"改革发展"目标下,中国人民银行在实际操作中的难题,还要从2013年6月份"钱荒"说起。当时虽然货币市场短期资金利率创纪录地飙升（隔夜回购利率曾一度升至 30%），但中国人民银行仍然坚持"资金在总量上没有问题"的看法，只是有针对性地对个别机构进行了短期资金支持，即便是在 12 月份再次出现"钱荒"，中国人民银行的态度和实际操作手法也没有改变。

为什么这一次中国人民银行这么坚决，甚至不惜被市场理解为有些固执（坊间戏言说这一次"央妈"不给奶吃了）？ 真的如有些分析人士认为的那样，中国人民银行是想通过压力测试扩张其调控权吗？

非也！ 而是**中国的实际融资环境，不准许中国人民银行按照"面多了加水、水多了加面"的方式进行调控。**

因为自危机以来短短的七年间，中国一年的社会融资总量就由 7 万亿元快速升至 17 万亿元（2013 年 5 月份甚至接近 19 万亿元），其中非信贷类融资由 2 万亿元升至 8 万亿元（2013 年 5 月份甚至接近 9 万亿元）；广义的货币供给（M2）余额由 45 万亿元升至 130 万亿元的水平；而同期每年全社会固定投资额只是由 22 万亿元升至 51 万亿元而已（但其占 GDP 的比重则是由 60% 升至 80%，是全球最高的）。

试问在货币如此之多的经济环境中，中国人民银行怎敢、怎能、怎会轻易放水？

按照常理而言，货币供给的高速增长，必然带来资金价格（利率）的易降难升。但是近两年来实际情况却是，中国实体经济的融资成本反常地居高不下，全社会每年需要支付的利息已经接近 GDP 的十分之一，不合常理的如此高的融资成本，**表明中国融资中出现的问题已经远远超出了中国人民银行的职责范围，问题的根子在金融之外。**

据国际货币基金组织测算，目前中国的产能利用率已经降至 60%，而中国工业品出厂价格（PPI）连续近四年负增长的局面说明情况可能已经变得更糟，实体经济的利润增长不足 10%，经常账余额占 GDP 的比重也降至2% 附近（2007 年曾接近 11%）。这几个数据均指向一个东西，就是**外需的不振（中国的主要贸易国至今仍处于修复之中），内部产能的利用率就上不**

来,实业赚钱就很辛苦,这样一来,要想维持正常的经营,只能增加外部融资,而且是更多依赖债务融资(企业前景不明朗的情形下,股权融资很难),融资成本自然就水涨船高,伴生的还出现了资金"脱实向虚"的问题,即越来越多的企业和个人开始做"钱生钱"的生意了。

这样就又给中国人民银行出了个难题:**如何在"不放水"的前提下**(官方称作"保持货币信贷和社会融资规模合理适度增长"),**把融资成本降下来?** 对此有一种意见认为,应该通过市场出清①的手段,淘汰一批僵尸企业②,但在"使市场在资源配置中起决定性作用"目标实现前,盲目地冒进,恐怕只会收到适得其反的效果,尤其是引发包括银行不良大幅反弹在内的系统性风险,试问哪一家中央银行会这么干? 所以周小川行长在 2014 年的五道口论坛上谈及中国人民银行目标时,格外强调"我们把金融稳定作为中国人民银行管理的一个重要内容"。

中国人民银行的化解思路是什么?

目标明确了,问题找到了,接下来看看中国人民银行的化解思路。

在决策层"使市场在资源配置中起决定性作用"的大目标和中国人民银行"改革发展"的具体目标之下,化解大思路一定是走市场化的道路,这一点毋庸置疑。具体怎么实现,就需要把上面的问题进一步延伸,融资总量大和融资成本高,其背后的主要原因是**目前作为融资方(借钱的人),存在很大一部分对资金价格不敏感的实体**,为什么不敏感,因为这些实体属

---

① 市场出清是经济学的一个重要概念,在一般的经济分析中,常常假定通过价格机制,可以自动实现市场出清,即价格的波动决定了消费者的购买量和厂商的生产量,并使供给量与需求量相等。具体来说,市场出清是指在市场调节供给和需求的过程中,市场机制能够自动地消除超额供给(供给大于需求)或超额需求(供给小于需求),市场在短期内自发地趋于供给等于需求的均衡状态。

② "僵尸企业"一词最早用于 20 世纪 90 年代初的日本,指那些无法继续正常经营、应该破产却又靠借债或政府资助而没有破产的企业。僵尸企业不同于因问题资产陷入困境的问题企业,能很快起死回生,僵尸企业的特点是"吸血"的长期性、依赖性,而放弃对僵尸企业的救助,社会局面可能更糟,因此具有绑架勒索性的特征。

于"财务软约束"，说白了就是"多贵的钱，他也敢借"。正是有这些融资主
体的存在，势必会对"财务硬约束"的实体形成挤占，例如小微企业要么借
不到钱，要么利息太高。所以中国人民银行要想解决"融资难、融资贵"的
问题，就必须通过具体操作，把那些"财务软约束"的企业"约束"起来。

这里笔者还想格外强调一点：**解决"财务软约束"问题，核心是要理顺
中央和地方的财政收支关系，不然地方政府在事权和财权不对等的环境
下，就只能通过"财务软约束"实体向金融体系融资来保证其事权的落实，
因为事关"乌纱帽"。**

中国人民银行怎么实现"约束"呢？

实际上自 2013 年"钱荒"之后，金融市场主体和中国人民银行在短期
利率波动性的调控上基本已经达成共识，即中国人民银行会在市场波动剧
烈的时候通过短期流动性工具来平抑价格（中国人民银行称其为"利率走
廊"，走廊之内，中国人民银行不会采取措施），其中手段包括公开市场的正
逆回购操作、中国人民银行票据、公开市场短期流动性调节工具、SLF 等
（这些工具均是对金融机构进行流动性支持的，即资金紧张的金融机构可
以通过这些工具从中国人民银行借到钱），但同时中国人民银行又刻意让
资金始终处于一种紧平衡状态，这又是为什么呢？

因为"财务软约束"的存在，短期利率无法向长期利率传导，言外之意，
即便是中国人民银行能够按照宏观调控意图，保证短期资金价格在一个合
适的水平，但长期资金价格却处于脱节的状态，如果资金面过于宽裕的话，
金融机构的资金流向很难按照宏观意图来进行安排，用中国人民银行的话
讲就是"按下葫芦起了瓢"。这样就需要通过一些手段实现兼顾的目标：**既
能把利率不敏感的低效企业约束起来，又能将一些有助于宏观经济稳定的
企业融资成本降下来，**由此就产生定向降准、再贷款、抵押补充贷款等新的
工具（一些符合中国人民银行目标的金融机构，可以通过这些工具获得额
外的资金支持），而这些工具的使用只有在资金面紧平衡的条件才能发挥
其应有的作用。

这样一来,可能也就真正体现出了中国人民银行一直以来在其货币政策执行报告中所强调的"增强调控的主动性、针对性和有效性",因为中国人民银行一直想通过数量工具和价格工具的协调配合,来提高其在资金面和价格的边际影响力,而这一点又事关中国金融改革的顺利推进,但在中国人民银行的一厢情愿之下,是否能在"葫芦"中装上"实心锚",以实现"按下葫芦不起瓢"呢?

财政和货币的"连裆裤"

在上节中,笔者和大家聊了中国人民银行的目标、面临的难题和其一厢情愿的化解思路。但不可否认的是,伴随金融危机和反危机下的货币政策变化,货币政策及中国人民银行的具体操作已经被过度关注,特别是2013 年以来诸多"定向"货币政策工具的启用,更是将独力完成结构调整的重任强加到中国人民银行的身上。但是这样做对不对呢? 莫非过去我们在教科书上学到的"中央银行只能进行总量调控"的知识,也伴随着本次危机而烟消云散了? 现在笔者就来回答这些问题。

货币供求的本原是什么?

作为中国金融学主要奠基人的黄达教授早在其 1984 年出版的《财政信贷综合平衡导论》一书中就曾论述:对于一个独立的商业银行而言,是资金来源决定资金运用;对于整个银行体系而言,则是资金运用创造资金来源。由此可见,**有关"究竟是贷款创造存款,还是存款创造贷款"的争论由来已久,笔者把此称作中国金融"蛋生鸡、鸡生蛋"的本原问题。**

究竟如何探寻这一本原呢?

恐怕还要从新中国的金融历史入手。在 2013 年,刘鸿儒曾在《我国中央银行体制的形成》一文中说过一段话:"新中国成立后相当长一个时期,与当时的计划经济体制相适应,银行业基本上照搬苏联的做法,信贷的范围有限,主要是提供一部分流动资金……中国人民银行的地位实际上就是政府的一个会计、出纳单位……在十年动乱的'文革'期间，连以计划经济为特征的金融体制也难以维持，银行业务基本停顿，仅仅保留了发行、出纳职能。在这种情况下，国务院决定银行系统同财政部门合并，中国人民银行总行并入财政部，各省市分行与财政厅（局）合并……至此，银行的独立系统不复存在，这在全世界是独一无二的'创举'。"

由此可见，**中国的融资体系是伴随着投资体制、财税体制的变化而兴衰的，即对金融体系而言，资金用途管着资金来源。**

本原问题解决了，接下来的问题是究竟该如何评价货币政策的有效性呢？

对于货币政策的评价，实际上就是对中国金融体系整体状况的评估，既然资金用途管着资金来源，那么评价工作也只有从资金用途入手。而在现代信用体系下，资金用途的理清则又和资金使用者密切有关，这就是笔者在"中国债事"中说的那三张资产负债表——政府、非金融企业和家庭居民的资产负债表。其中无疑只有政府具有单边改变其他两者资产负债表的能力，进而间接地决定了包括中国人民银行在内的整个金融体系资产负债表的状况。

为什么这么说？

因为政府（财政）掌握着绝对的"分配权"。对于实体企业而言，政府关于区域、产业、技术等层面的政策导向直接影响着企业资产的布局，而相关税收、行业管理等规定则直接影响企业的利润，这些影响都最终会转化为企业获取现金流的能力。至于说政府对于居民资产负债表的影响，就不用笔者多说了（税收、就业、公共服务等，参见"中国税事"）。而对于金融体系而言，只是通过对企业和居民的信用判断，完成对其融资能力的评价（评价越高，融资能力越强），可见微观经济个体融资能力的评价只是一个结果。

用经济学的语言讲，就是在经济运行机制内部，金融体系属于流通范畴，而财政体系（政府）属于分配范畴。在经济运行层次上，包括商品和资金在内的流通领域的各种现象只是总量和结构矛盾的结果，并且时时刻刻受到分配体制的影响。因此,虽然说自中央银行制度产生之后,中国人民银行成了"最后贷款人",但却始终成不了信用的最终背书人,这一背书人只能是政府(财政)。

好了,说到这儿,笔者想如何评价货币政策有效性的答案就再简单不过了,就是**中国人民银行作为控制资金融通总阀门的管理者,其政策导向和工具措施能否符合经济运行中结构性变化的需要,实现"既不缺水,也不能水漫金山"的目标。如果中国人民银行做到了,那么我们就可以说货币政策是有效的,至于说金山的高度是否合适,则是中国人民银行决定不了的,这就是我们常说的货币政策要解决总量矛盾,而且也只能解决总量矛盾。**

评价答案有了,接下来我们再来看看近年来货币政策的变化。

简单说,危机前,中国人民银行主要精力在于,对冲外汇占款增加带来的基础货币过度投放(防止"水漫金山"局面的出现),用中国人民银行的话讲就是"货币政策的自主性受到影响,货币供给呈现出较强的内生性特征",相应也就出现近年来中国人民银行资产负债表"资产外币化,负债本币化"的变化。目前中国人民银行的资产接近 80% 仍然为外币资产,其负债接近 70% 则是商业银行为主的金融机构存款,同时 2001 年至今,中国人民银行的资产规模由 4 万亿元扩张到 34 万亿元,扩张了 8 倍还多。

但祸因真的是外汇占款吗?

众所周知,外汇占款快速增长的表象原因是中国国际收支不平衡所致("双顺差"的局面),但顺差只是出口减进口的一个数据结果,实质是中国的进口赶不上出口,即内需和外需不匹配了,而内需不足实际上就是我们常说的生产需求和内部消费需求的脱节——结构性失衡。**面对这种脱节,政府(财政)在分配环节却没有做出相应的调整,既没有采取大面积、大幅度的减税,也没有快速提升工资增速,而是采取启动外部市场的策略,通俗地讲就是"长着一嘴金牙讨饭吃"。当然这样做的好处就是政府的财力得到了充实,即最大限度地保证了政府自身资产负债表的健康。**

伴随 2008 年危机的爆发，中国的外需也不行了，政府必须出手救经济，但政府依然从自身资产负债表的健康出发（即中央政府不搞大规模赤字），并没有大面积动用财政资金（2009—2010 年期间，中央和地方合计 4 万亿元的财政支出与几十万亿元的信贷资金相比，还能说是积极的财政政策吗？），而是**通过中央向地方下放金融配置权的方式，刺激实体企业在危机中逆向扩张资产负债表规模**，同时也造成了影子银行、融资平台等的兴起。

问题是财政为什么不愿意出钱？原因很简单，因为看不准，不知道钱应该花在哪。也就是说财政政策和产业政策脱节了，政府在产业布局上迷茫了，"看得见的手"不知道放哪了（资金用途没了），只能退而求其次，求助于"看不见的手"——在保证融资环境宽松的前提下，把问题推给了市场。但问题是市场同样也迷茫，那么必然就会产生"金融空转""脱实向虚"等金融乱象。在此背景下，中国人民银行作为全社会货币总阀门的管理者，只能不停地"按下葫芦，再按瓢"。

还是那个规律在发挥作用——资金用途管着资金来源。

如今恰恰是由于资金用途和资金来源脱节了，笔者将此称作"财政和货币的连裆裤破了"。本来为防止政府支出直接占用银行信贷资金导致的通货膨胀，我们在法律层面已进行了明确的限制，即财政不能直接向中央银行透支，不让财政和货币穿"连裆裤"，但这种规范性安排并不是说财政资金和信贷资金在经济运行中是非此即彼的关系。实际上在外汇占款成为基础货币增加主因之前，我们的基础货币供给主要来自中国人民银行对政府债券的认购和对金融机构的再贷款，即货币供给是外生的，其中政府的财政收支显然是货币供给的第一推手。也就是说，中国人民银行的货币调控和政府的财政支出密切相关——资金总量的安排取决于政府支出带动下的经济结构的有意安排，这就是我们常常听到的财政政策、货币政策和产业政策要协调。而一旦中央政府把金融配置权下放给地方，实质上就已经把宏观层面的政策协调性舍弃了，言外之意就是对结构性调整的有意为之不要了，试问在这样的环境下，一味要求中国人民银行的政策精准，现实吗？它能把手里的经济杠杆工具维持好就不错了。

如今，有关货币政策"定向"工具的使用，可以实现稳增长和调结构目标的论调满天飞，仿佛中国经济运行中的所有矛盾，均能"一定解之"，可能吗？试问在财政和货币"连挡裤"不完整的环境下，单拎着金融这只裤脚，能舒服吗？

千万别忘了，"资金用途管着资金来源"这条铁律；也千万别忽视，2014年6月30日，中共中央政治局审议通过了《深化财税体制改革总体方案》，这才是真正的大事，因为人民币的最终信用背书人（财政）要改革了。

没有财政的"四两"，何来货币的"千斤"

虽然 2013 年以来，中国人民银行创设了一大堆新工具，来实现本不属于其职责范围的结构性调控目标，要说中国人民银行不努力，那一定是胡说，但恰恰就是这个"本不属于"，导致了市场对于中国人民银行政策工具变化的理解始终存在分歧。无独有偶的是，2014 年七八月间，先后有三位中国人民银行官员分别从不同角度阐述危机后中国货币政策变化的理解：李波有关提高财政政策"独立性"缓解货币政策压力的建议、孙国锋有关中国货币政策关键问题的阐述以及马骏有关经济下行期间财政作用有限导致不得已的"金融救市"的分析。正是由于对于后期货币政策理解的分歧，所以这三位官员的表态在当时引起了市场的广泛关注。

那么究竟该如何理解变化中的货币政策呢？

要谈政策，就得先说政策环境，而今后一段相当长时期内的政策环境无疑就是"新常态"，但究竟什么是新常态呢？

笔者想这里面有三个层次的理解：

第一个层次，"新常态"是经济运行态势的一种表述。其中"新"主要是指经济运行中的速度、结构、方式和动力四个方面内容，相应"常态"主要是指经济运行的时间跨度。

第二个层次,就是"新常态"包括顺序不可颠倒的两点。第一,在新的红利因素集中释放前,中国经济已经进入中期减速阶段;第二,中国经济增速重新进入回升期,需要保证全面改革顶层设计的落地,因此要求短期的经济波动不能失序。更为重要的是,这两点内容在逻辑关系上是有主次之别的。

第三个层次,如果将"新常态"的理解再进一步延伸,借用物理学中能量与质量和速度的关系来说明($E = mc^2$,E 表示能量,m 代表质量,而 c 则表示光速常量),**新常态的经济运行就具体化为不再追求经济增速,转而追求经济质量,最终目标则是实现中国经济能量的积聚。**

笔者上述理解的理由主要有两个:

首先,对于中国经济已经进入中期减速阶段判断的理由,笔者归纳为一个"贵"字——中国经济变"贵"了。因为劳动力涨价,投资回报率下降,财务成本抬高,实体经济盈利变弱。而按照蔡昉等人的研究,在既定的要素组合不变的条件下,中国经济潜在增长率于 2012 年降至 8%左右,2015年将进一步降至 7%左右,2020 年则会降至 6%左右,而从党的十八大提出2020 年 GDP 较 2010 年翻一番目标要求的增速来看,实际上是认可上述对于中国经济潜在增速测算结果的。

其次,中国经济增速能否重新回升,则取决于十八届三中全会"全面改革"方案的落地。这就是 2014 年 7 月 8 日习近平在主持召开经济形势专家座谈会讲话的重点所在,会上他指出"准确把握改革发展稳定的平衡点,准确把握近期目标和长期发展的平衡点",笔者的理解是,两个平衡点讲的就是短期的经济运行不能和中期发展脱节。何谓脱节? 仅就经济增速而言,就是短期内经济的实际增速不能明显与潜在的增长率背离太多,即短期的经济波动不能失序。由此,也就不难理解为什么 2014 年政治局在上半年经济形势分析会上,做出了"正确看待经济增长速度,对做好经济工作至关重要。中国发展必须保持一定速度,不然很多问题难以解决"的表述。

笔者想说的是,当下市场对于后期政策取向之所以产生了分歧,一个很重要的原因就是陷入"就政策论政策"的误区之中,这样往往就会产生对于政策的过分解读,把简单问题复杂化,或者对于部分研究者而言,只有复杂化的逻辑分析才能凸显研究的"高大上",而实际上只不过有选择地使用官方措辞的只言片语来佐证自己的判断。

而笔者历来主张逻辑链条简单化的分析方法,如何简化? 例如,在分析后期政策时,需要时时刻刻把"新常态"装在心中,把不符合"新常态"内在要求的噪音剥离出去,逻辑自然简单明了。

货币政策的着力点究竟是什么?

此前,笔者已分别就中国人民银行的目标、面临的问题和化解的思路,谈了对中国人民银行逻辑的理解,因此这里只说货币政策的着力点。目前中国人民银行的政策工具很多,但从分类上无外乎三类:数量型、价格型和宏观审慎政策工具[①]。但自 2013 年以来,中国人民银行在流动性管理方面创设了许多新工具,并对再贷款进行重新分类,而关于货币政策究竟是控总量还是调结构的讨论也逐渐升温。笔者的看法是货币政策只能是总量政策,其政策着力点在于如何当好"流动性总闸门"的管理者。

问题是,为什么每当大家讨论货币政策时,总能见到"既要……又要……还要……"的语系呢?

笔者想,这才是上文提到的那三位中国人民银行官员表态的背后深意所在,即**中国在本轮全球金融危机中之所以采取了非常规货币政策,一个重要原因就是财政政策的"缺位"或者"不及时"**。而在危机爆发初期,由于经济实际增长率大幅低于潜在增长率,通过加大货币政策总量调控的力度,确实在短期内能够实现实际需求的快速回升。

除此之外,笔者想还有一个重要原因至今没有引起应有的重视,即**中**

---

① 参见中国人民银行货币政策司孙国锋副司长在 2014 年 3 月于北京举行的中国人民银行·国际货币基金组织《货币政策新问题》联合研讨会上的发言。

国在本轮全球金融危机中采取独特的反危机措施：中央政府的反危机策略选择通过向地方政府下放金融配置权来拉动经济，而此举实际上意味着中央对地方投资的饥渴和财务约束的放松，因此才出现了融资平台、影子银行快速扩张和金融加速脱媒等问题。这些金融变化又带动家庭居民金融介入程度的加深，进一步加剧了社会融资结构的快速变化，导致近年来"金融和实体冷热不均"异化问题的出现。

不仅如此，更为重要的是，利率市场化进程也在一定程度上变得更加复杂，影响了中国利率市场化改革完成所需具备的必要条件的形成，包括：(1)中国金融市场短期和长期利率之间有效传导机制的形成；(2)包括商业银行和实体企业在内的经济主体财务约束的进一步强化；(3)商业银行风险定价能力的提升；(4)包括市场退出机制、储户保险制度等在内的市场要件的形成；(5)包括利率锚在内的中国人民银行货币政策传导机制的完善。由此，在货币政策多目标、反危机需要和危机复苏期防止系统性风险等多重影响下，中国人民银行迟迟不能按预定路径完成从数量型调控向价格型调控的切换。

笔者认为，正是由于上述危机以来的变化未能引起足够重视，才造成当下讨论货币政策时出现了分歧，甚至把着力点也搞丢了。

那么后期政策究竟应该怎样呢？笔者说说自己的一家之言。

在此我还是想引用前书中的一句话："如今，有关货币政策'定向'工具的使用，可以实现稳增长和调结构目标的论调满天飞，仿佛中国经济运行中的所有矛盾，均能'一定解之'，可能吗？试问在当下财政和货币'连挡裤'不完整的环境下，单拎着金融这只裤脚，你能舒服吗？"答案很清楚：一定不舒服。

怎么办？

我想在经济转型期内，宏观政策在逻辑上有四点是明确的：

第一，保证短期经济波动不能干扰中期改革，尤其是在经济下行的阶段，需要格外注意预期的稳定。

第二,为了消化前期政策的后遗症,不给中期改革添乱,需要资产市场的稳定,进而保证各方资产负债表不会出现快速恶化,由此有关股市、房市的新政策就是出于稳定资产价格的需要,而降低融资成本则是优化负债的需要,两者相辅相成。

第三,为了保证第二点,货币政策要在流动性上予以支持和保证。

第四,财政必须真的积极起来。当前以银行为主的金融机构资金成本已经面临边际增加的巨大压力,单纯依靠中国人民银行的"滴灌"无非就是将金融领域的利润转移到某些非金融领域。但历史经验告诉我们,用流通领域的货币政策来解决分配领域的问题,往往效果不好;而财政作为结构性政策工具,则既能保证金融机构的利益,又能实现结构调控目标。现在的问题,就是政府能不能找到这样积极的事,愿不愿意"积极办事",显然这两个问题都是中国人民银行之外的事,因为没有财政的"四两",又如何用好货币的"千斤"?

结构调整的引导者究竟是谁?

在"中国策事"的前三节中,笔者只是从货币政策与财政政策的关系入手,对于经济运行中结构性问题的解决,提出作为总量调控手段的货币政策只能是保驾护航,而不能成为调控舵手,而从经济运行的结构性和总量性矛盾的角度入手,又该如何理解中国的宏观政策呢?

先摆两组、三类数据(鉴于数据的枯燥,在阅读时,可以直接越过该部分,直接看数据比较的结果)。

第一组数据区间为 2008 年危机爆发后的六年间(2008—2013 年)。

第一类数据,经济运行层面。在该阶段,中国 GDP 的年均复合增长率为 10.4%,其中第一产业产值年均复合增长率为 9.2%,第二产业产值年均复合增长率为 9%(工业 8.3%、建筑业 13.8%),第三产业产值年均复合增长率为 12.1%(金融业 14.5%、房地产业 14.5%、其余是 11.3%)。

第二类数据，政府财政收支的情况。在该阶段，中国的年财政收入的年均复合增长率为 13.3％，年财政支出的年均复合增长率为 14.5％，六年间累计财政赤字 40891 亿元。

第三类数据，金融情况。在该阶段，中国的广义货币供给（M2）年增量的年均复合增长率为 10.6％，社会融资总量的年均复合增长率为 16.3％，其中信贷融资的年均复合增长率为 10.9％，非信贷融资的年均复合增长率为 26.5％。

第二组数据区间是 2003—2007 年。

第一类数据，经济运行层面。在该阶段，中国的 GDP 的年均复合增长率为 14.4％，其中第一产业产值年均复合增长率为 10.4％，第二产业产值年均复合增长率为 15.1％（工业 15％、建筑业 15.3％），第三产业产值年均复合增长率为 11.5％（金融业 22.9％、房地产业 17.7％、其余是 13.2％）。

第二类数据，政府财政收支的情况。在该阶段，中国的年财政收入的年均复合增长率为 18.8％，年财政支出的年均复合增长率为 14.9％，五年间累计财政赤字 7428 亿元。

第三类数据，金融情况。在该阶段，中国的广义货币供给 M2 年增量的年均复合增长率为 10％，社会融资总量的年均复合增长率为 12％，其中信贷融资的年均复合增长率为 5.9％，非信贷融资的年均复合增长率为 38％。

将危机前（2003—2007 年）与危机后的三类数据进行比较之后，大致得出 6 点直观结果：

经济运行方面。 危机后与危机前相比，中国 GDP 增速回落了约 4 个百分点，主要是第二产业的回落，幅度有 6 个百分点，其中工业则是大幅下降约 7 个百分点，第三产业中的金融业增速降幅超过 8 个百分点。

政府收支方面。 危机后与危机前相比，中国的财政收入增速下降了约 6 个百分点，但由于有财政赤字的补充，财政支出增速仅下降了 0.3 个百分点。

金融方面。 危机后与危机前相比，社会融资总量增速提高了 4 个百分点,信贷增速提高了 5 个百分点,而广义的货币供给(M2)增速大体持平。

经济运行增速的结构方面。2003—2007 年期间,除了第二产增速快于 GDP 增速之外(增速超出 1 个百分点),其他两类产业均低于 GDP 增速,但第三产业中的金融业和房地产业增速分别高于 GDP 增速 9 个百分点和 4 个百分点。2008—2013 年期间,只有第三产业增速快于 GDP(1.6 个百分点),其中金融业和房地产业均高出 GDP 增速 4 个百分点,而且与 2003—2007 年期间相比,金融和房地产在第三产业中比重分别提高了 3.02% 和 1.04%。

政府收支与经济增长速度结构方面。2003—2007 年期间,财政支出增速快于 GDP 增速 4.4 个百分点,财政收入增速大体和 GDP 增速持平。2008—2013 年期间,财政支出和财政收入增速分别高于 GDP 增速 4.1% 和 2.9%。

金融与经济增长增速结构方面。2003—2007 年期间,只有非信贷融资增速快于 GDP 增速(其中很大因素是基数低的原因,2003 年非信贷融资仅有 4 千亿元,2007 年也只有 2 万亿元)。2008—2013 年期间,包括货币供给、社会融资、信贷、非信贷增速均高出 GDP 增速。

笔者再给大家做进一步的简单归纳,大致有这样三点结论:

(1)中国经济的主要拉动因素,由危机前的工业、金融和房地产三因素,变成危机爆发后金融和房地产两因素,工业反而成了经济的拖累,用当下的流行语就是产能过剩问题严重。

(2)与危机前相比,财政收入增速虽然下降不少(接近 6 个百分点),但在经济增速下行的背景下,政府在经济分配中的分量却没有减少(财政收入增速仍超出 GDP 增速约 3 个百分点),而政府在经济投入方面却没有表现出应有的积极(危机前后财政支出的增速均在 15% 左右的水平),如果再把金融领域对于财政领域的贡献剔除(赤字),危机以来,政府在经济中的投入恐怕是呈收缩的态势。

(3)与危机前相比,金融的各项数据均反映出中国金融领域在本次反危机中的逆周期特征十分明显，不过与危机前金融的表内扩张不同，危机以来金融的扩张更多表现在表外，即产生了所谓的金融脱媒、影子银行等问题。

在对数据的简单归纳之后，产生了四个问题：

（1）在危机前，为什么在第二产业带动下的经济高速增长，金融数据并没有表现出过分的超速，反而是财政收支的增速表现更加抢眼？

（2）为什么因本次危机触发的经济下行期间，并没有带来政府财政收入的过度下降？

（3）为什么在反危机中，财政对经济的投入远不及金融？金融又是依据什么进行扩张的呢？（因为我总是觉得没有人愿意做赔钱的生意）

（4）为什么伴随金融的扩张，资金利率却不降反升？例如，2003—2007年间，7天回购利率、5年期国开债利率、10年期国债利率和 AA 级 1 年的短融利率分别为：2.13％、3.35％、3.7％和 3.62％；2008—2015 年 5 月底，它们分别为 3.11％、4.02％、3.7％和 4.62％。

在危机前后两个阶段，经济数据表现出矛盾性（就是上述的三个结论和四个问题），说明了什么？笔者想，根源还是要从经济运行的逻辑中找寻。

那么，经济运行的逻辑究竟是什么呢？

2012 年，宏观对冲基金 Bridgewater 的首席执行官雷伊·达里奥（Ray Dalio）在 *How the Economic Machine Works* 一文中，曾对经济运行做过一个简明论述：经济（economy）是大量交易的总和，而且每个交易（transaction）都很简单。交易包括买方和卖方，买方支付货币（或者信贷）给卖方以换取商品、服务或者金融资产。大量的买方和卖方交换同一种商品，这就构成了市场（market）。各种交易的市场便组成了经济。对于任何市场、任何经济而言，如果你知道了支出货币（money）及信贷（credit）的总额、所卖商品的数量，你就知道了理解经济的所有事情。

笔者的理解是，雷伊·达里奥上述这段论述之所以简单明了，就是仅仅把经济运行归纳为一个等式：total $ (money + credit) = total Q (quantity)，但这个等式只能说明经济运行中最为表象的环节——商品、要素和货币的流通交换环节。而等式两端内容的本源问题并不能表现出来，或者说该等式只是说明市场价格是怎么达成的，即 price = total $ / total Q。但对于市场需求的能力获得、市场供给的结构情况并不能予以说明，即 total $ = total Q 公式中等号不是必然一定能够出现的。除了 $ > Q (通货膨胀)、$ < Q (通货紧缩) 之外，甚至有可能会出现 $ 找不到 Q 的局面，也有可能出现 Q 换不来 $ 的问题，无疑这些问题都需要从经济运行的机制内部入手来解决。

经济运行机制究竟又是什么呢？

要回答这一问题，笔者不禁想起了 1867 年出版的那本影响全球至今的巨著——《资本论》，其中有一句更加简明的话对于经济运行机制做出了迄今为止仍未被超越的定义："需要是同满足需要的手段一同发展的，并且依靠这些手段发展的。"（《资本论》一卷）

我更加同意马克思的定义，并且认为这句话迄今未被超越的理由是，该定义准确全面地刻画出经济运行机制的六点核心内容：

（1）经济运行中最为基本的矛盾问题就是消费（需要）和生产（满足需要的手段）之间的关系，用当下经济学术语就是供求矛盾。

（2）经济学界一直存在"鸡生蛋、蛋生鸡"的争论，即究竟是供给创造需求，还是需求创造供给？而马克思的论述表明了生产和消费之间的关系，即供求是否均衡，是动态变化的（一同发展的），而且供给和需求之间的关系辩证统一（需要是同满足需要的手段一同发展的，并且依靠这些手段发展的）。

（3）如何实现需要和满足需要的手段共同发展？这取决于生产要素的组合形式和收入分配的机制，而这些最终都会在 $ 和 Q 关系层面得以反映（流通交换环节）。即观察经济运行机制需要依次从供给和需求、分配、流通三个层次来分析，其中流通仅仅是最为表象的，也是最容易被观察的。

(4)就经济运行中的矛盾而言,无论 $ 和 Q 之间是什么符号("=""、">"、"<"),基本上是属于总量矛盾,此时通过对于 $ 的规模控制可能达到目的(以货币政策为主的总量控制)。像" $ 找不到 Q"、"Q 换不来 $ "这样的问题,则是结构性矛盾的表现,因此需要结构性政策和手段来应对(财政政策、产业政策、区域政策等)。另外结构性矛盾一定会以这样、那样的形式,在总量层面表现出来。

(5)就经济运行中结构性矛盾的表现而言,既包括 Q 端,也包括 $ 端,但最容易被察觉则是以金融领域为主的资金融通方面问题,但这只是 $ 端的一部分。

(6)经济运行中资金领域还有更为主要的一部分,即政府的资金活动情况,特别是财政收支情况。因为从经济运行的层次而言,政府的资金活动大多隶属于分配环节,它可以体现政府在产业、区域,甚至是产品等方面的有意为之。而这种有意为之一定是从"需要和满足需要手段一同发展"出发的,或者说是政府在经济运行的倾斜和侧重,以及由此带来全社会生产要素组合的有意为之——资源的优化配置。而在这一过程中,金融领域只能位于从属地位,这就是笔者在讨论货币供求本原问题时,提出"资金用途管着资金来源"的依据所在。

正如海明威在《死于午后》中那句话所说:"冰山运动之雄伟壮观,是因为它只有八分之一在水面上。"而在分析经济运行时,则需要看到水面下的"八分之七",而不能被水面上的"八分之一"所迷惑。

好了,啰嗦这么多,数据摆了,逻辑也讲了,目的只有一个,就是要找到上述四个问题的病灶。

第一个问题:在危机前,为什么在第二产业带动下的经济高速增长,金融数据并没有表现出过分的超速,反而是财政收支的增速表现更加抢眼?

笔者的答案是:危机前(2003—2007 年),第二产业(其中工业的平均比重为 88%)的高速发展,源自 2001 年中国加入 WTO,经济运行中的主要矛盾(生产和消费间的矛盾)突出表现在中国的工业产能如何与国际大市场对接,而且矛盾主要集中在如何扩张中国工业产能,因为消费端没有太大的问题,看看当时美国的消费和储蓄率就知道国际市场的需求有多强。对此政府在经济投入方面方向是明确的(尤其是各级地方政府),而在这一明确之下(工业扩张必然带来城镇化率的快速提升,期间提升了5个百分点,达46%),金融领域更多的是顺势而为,货币供给增速和融资增速均没有太抢眼的表现,但是经营结果却很靓丽,2003年至2007年期间,中国银行业资产规模翻了一番,税后利润平均增速超过100%,不良率则从18%降至6%。

第二个问题:为什么因本次危机触发的经济下行,并没有带来政府财政收入的过度下降?

还有第三个问题:为什么在反危机中,政府对于经济的投入远不及金融?金融又是依据什么进行扩张的呢?

笔者的答案是:本次全球性危机的爆发,必然会影响到中国海外市场的需求(危机前这不仅不是问题,而且还是优势),而此问题的化解,实际上是在考验政府怎么调整它在经济投入中的倾斜和侧重,即产业、区域等政策取向的再次明确,进而达到供求的再次均衡,因为"需要是同满足需要的手段一同发展的,并且依靠这些手段发展的"。但实际情况却是,在危机爆发初期,中国面临巨大的就业压力(2009年第一季度曾出现超过2000万名的农民工返乡),而这一压力显然已经超出中国社会的承受边界,所以才出现本应有的产业、区域等政策的调整被金融逆周期扩张政策所代替。也正是由于这一替代,导致在政府财政收支上未做出及时调整,就出现了财政收入方面的"雪上加霜"和财政支出方面的"结构固化僵化"。

这就是笔者在前书中讨论财政为什么不愿意出钱时说:"原因很简单,因为看不准,不知道钱应该花在哪? 也就说财政政策和产业政策脱节了,政府在产业布局上迷茫了,'看得见的手'不知道放哪了(资金用途没了),只能退而求其次,求助于'看不见的手'——只保证融资环境的宽松,剩下的问题由市场来解决。"

但为什么金融会扩张呢？笔者觉得主要是在反危机期间，对于金融的评价标准由此前的经济效益（追求利润）变成了经济责任（追求稳定），尤其是在地方政府经济责任的要求下，出现"财务软约束"实体融资的"容易"和"便宜"，因为这样对于金融领域而言，经济责任最小。可见在经济运行中，分配环节的矛盾（财政）首先表现在流通环节（金融），而且实质是生产和消费环节出了问题（产业政策、区域政策等）。

第四个问题：为什么伴随金融的扩张，资金利率却不降反升？

笔者的答案是：正是由于危机触发了生产和消费（供给与需求）这一主要矛盾的变化，但相应政府没有给出清晰的调整取向（结构性调整），只能退而求其次，通过金融扩张来化解由结构性矛盾表现出的总量问题，进而导致中央对地方政府金融配置权的下放和对金融领域评价标准的转变，但这些都是反危机下的临时之举。一旦形势发生变化，例如欧美已经回到复苏轨道上，首当其冲要调整的就是金融领域的评价标准——经济责任重新变成了经济效益（包括不良的控制）。这个时候"财务软约束"实体融资的"容易"和"便宜"负效应开始显现，使得"财务硬约束"实体的"融资难、融资贵"问题更加凸显。

病灶找到后，接下来就是问题的化解，即本节的标题：结构调整的引导者究竟是谁？

实际上这一问题的答案，就是笔者本书中反复强调的那个看法：**中国人民银行主导的货币政策作为总量手段，是解决不了结构性问题的，而政府的产业、区域和财政政策才是结构调整的关键，这一调整也不是经济学领域能独立完成的，更多需依靠包括自然科学在内的其他领域。**

如上所述，**任何经济运行中的问题，均可由表及里地具体化为三个层次的矛盾，首先是流通环节的矛盾，进而才是分配环节的矛盾，在上述两个层次之下，最基础和核心的是生产和消费间的矛盾。与之相对应的具体经济研究领域，则是金融学、财政学和产业经济学。**我想如果一个经济问题已经具体分析到产品层面，那么经济学领域的任务就算完成了，接下来就是其他领域的任务了,而如何让这一过程以最高效率推进,政府作为宏观调控者则有着得天独厚的优势,而且这才是党的十八届三中全会审议通过的《关于全面深化改革若干重大问题的决定》中"经济体制改革是全面深化改革的重点,核心问题是处理好政府和市场的关系,使市场在资源配置中起决定性作用和更好发挥政府作用"表述的本意。

如何解决经济结构性问题,即对于新增长点的把握,就看政府和市场能否对现实和潜在需求全面了解,并不断提升供给层面的技术手段,使之能够在资源配置和收入分配做出相应调整之后(体现在政府的倾斜和侧重),实现规模效应(通过财政和金融资金的注入),如果到达了,那么可以说增长点就找对了。

事外话:"珍珑棋局"

本文于2014年8月发表于《英大金融》,本文的背景:从2012年开始,中国经济结束了高速增长,开始进入到经济减速和结构调整的新常态阶段。未来怎么走?需要理清三个问题:一是什么促成了高增长的中国奇迹;二是中国经济减速的原因是什么;三是有什么办法保证经济增速。本文就是在回答这三个问题,同时作为本书的最后一篇,也给大家和自己提出了一个问题:"珍珑棋局"怎么破?

近两年以来,有关宏观政策如何在"稳增长"与"调结构"之间实现兼顾的争论始终没有停止,有一种观点认为中国经济需要通过降速来为结构性改革腾挪空间。但2014年第一季度GDP增速由上季度的7.7%回落至7.4%之后,宏观当局随即出台了包括定向降准、减税等在内的一系列政策措施,相应第二季度GDP增速再次回升至7.5%,由此对于当前中国经济的新常态和宏观调控的举措的争议再度升温,究竟如何看待这些争议呢?

笔者认为需要拉长观测视角来仔细分析。

截至 2013 年，中国人均 GDP 已超过 7000 美元，人均收入也超过了 5400 美元，按照 2011 年世界银行的划定标准，中国已经步入"中上等收入国家"之列，位列全球第 89 名。而 2002 年时，中国人均收入才刚刚突破 1000 美元，这也就意味着仅用了十二年的时间，中国就完成了由低中等收入国家向中上等收入国家的跳跃。回顾发展历程，支撑中国在如此短的时间内完成这一转变主要有四大因素：

（1）人口红利，按照世界银行统计，中国 15～64 岁适龄劳动力人口比重由 2002 年的 68% 提升至 74% 左右。

（2）全球化红利，按照 WTO 统计，中国出口占全球出口的比重由 2002 年的 5% 升至目前的 13% 左右。

（3）城镇化红利，按常住人口标准，中国的城镇化率由 2002 年的 39% 升至目前的 54%。

（4）市场化红利，目前除部分能源、资金（仅剩存款利率）等要素价格仍处于半管制之外，其他生产、消费和服务领域已全部实现市场化，市场供求主要依靠价格机制进行调节。

伴随 2008 年全球金融危机的爆发以及随后各国政府采取史无前例的反危机措施（而且还是联手干预），全球经济相应由危机前的"低通胀、高增长"的黄金期（2002—2007 年间，全球经济增速平均为 4.5%，CPI 平均涨幅为 3.9%），进入到以经济波动为主要特征的复苏期。而对于中国而言，在步入中等收入国家之后，不断积累的结构性矛盾逐渐凸显出来，尤其是在此次危机的催化下，快速进入到"四期叠加"阶段：增长速度换挡期、结构调整阵痛期、前期刺激政策消化期和红利因素转换期。

针对国外经济环境发生深刻变化的背景，十八届三中做出了全面深化改革的战略部署，审议并通过了《中共中央关于全面深化改革若干重大问题的决定》，明确了未来五年乃至十年发展的总体框架和重点部署，可以说已经为未来中国经济制度性红利的再次集中释放在顶层设计上做出了准确而清晰的准备。但是不容置疑的一点是,全面深化改革能否顺利推进,取决于当前经济是否顺利实现过渡,如果走不好,那么今后改革可能将面临前所未有的阻力和障碍。

如果说过去中国经济之所以能够实现多年的高速增长,一方面在于增量改革的空间巨大(众多非市场化领域的存在和要素供给的充裕),另一方面也在于经济潜在增长的动力十足(工业化、城镇化和国际化)。如今这两个因素均面临巨大的瓶颈,中国经济在增长、发展、稳定等方面均存在不少问题,如果做一个比喻的话,就像金庸先生在《天龙八部》中所写的那个进退两难的"珍珑棋局",而破解此"棋局"也自然成为顺利推进全面深化改革的题中应有之义。

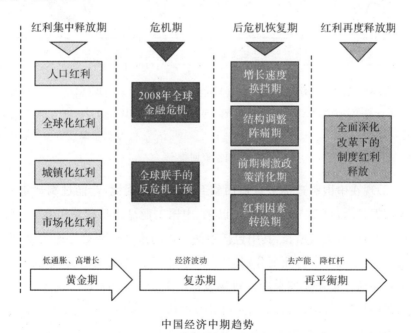

中国经济中期趋势

一,辨清一个认识误区——今后一段时期中国经济减速并不是所谓为了顺利推进改革、需要经济主动降速的问题,而是内生性肯定要降的问题,理由如下。

(1)**现在投资中国的回报率较危机前已大幅下降。**自2008年危机爆发至今，中国单位产出的资本投入平均比值已升至7左右，即增加1个单位的经济产出，需要追加7个单位的投资，而危机前该比值还不到4。

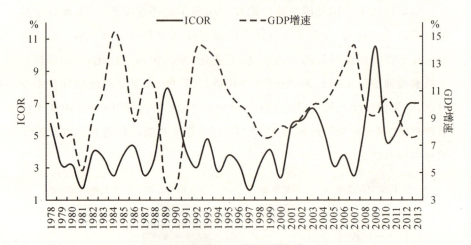

注：增量资本产出率（Incremental Capital—Output Ratio, ICOR）＝当年投资量（I）/生产总值增加量（△Y），即年度投资与当年增量产出之比。

数据来源：Wind，笔者估算

中国投资回报率

(2)**现在中国制造优势普遍面临开工不足的困境，产能过剩严重。**统计局数据显示，自2012年3月份以来，中国工业品出厂价格（PPI）至今已经连续28个月为负增长，其中包括钢铁在内的冶金行业更是连续31个月负增长，化工和煤炭行业则分别连续29个月和25个月负增长，中国上一次出现该局面还是在亚洲金融危机爆发的时候，当时PPI曾出现连续31个月的负增长。国际货币基金组织（IMF）在其2012年的国别报告中曾指出，当前中国资本产能利用率已从危机前的80％降至60％左右。

(3)**中国经济的整体财务成本也在快速上升。**按照社会融资口径，笔者匡算的结果显示，目前政府、非金融企业和家庭居民三者合计每年需要支付的利息规模约在5.5万亿元，约为GDP的十分之一。

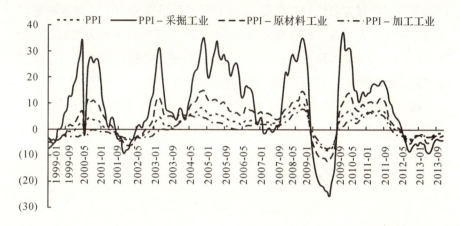

数据来源：Wind

中国工业品出厂价格（PPI）

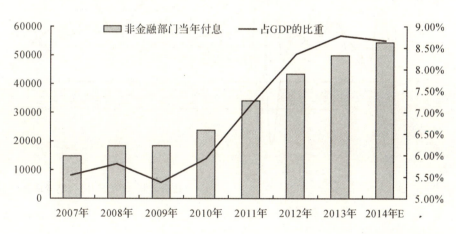

注：2014年为笔者估算值

数据来源：Wind，16家上市银行年报，笔者估算

中国非金融部门年利息支出情况

（4）**中国的劳动力已经不便宜了。**综合世界银行和中国统计局的数据估算，中国的适龄劳动力人口占总人口的比重已于2010年达到峰值的74.5％。截至2013年年末，该比例已经降至73.8％，年均降幅0.2％，在人

口政策没有出现方向性调整之前,意味着每年适龄劳动力人口减少的绝对规模在 300 万人左右。这一变化和 20 世纪 90 年代的日本极为相似。1990年,日本 14～64 岁人口占比达到 70％的峰值,随后适龄劳动力人口占比持续下降,2012 年降至 62％,其间经济增速也相应出现大幅下滑。

(5)**中国劳动生产率呈现下降趋势**。中国劳动生产率增速在 2007 年达到 14％的峰值之后,就开始呈现不断下降的趋势,而近年来工资上涨速度已呈现出快于劳动生产率提高速度的趋势,在一定程度上削弱了企业的盈利能力和中国制造业的比较优势。

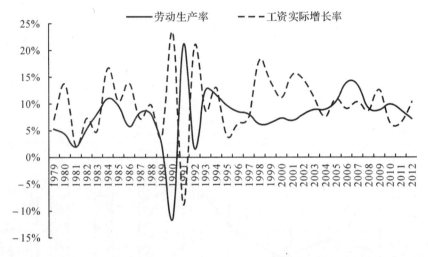

数据来源:国家统计局,笔者估算

中国劳动生产率和工资实际增长率

(6)**国际收支的逐渐平衡后,中国货币供给机制发生变化**。危机后,中国经济运行另一个显著变化就是国际收支的逐渐均衡,如果与危机前相比(2005 年之前),国际收支的均衡很大程度上得益于人民币汇率的调整(2005 年 7 月汇改至今,人民币篮子汇率累计升幅超过 30％),中国经常项目差额占 GDP 的比重由 2007 年的 10％已经降至目前的 2％左右(按照国际货币基金组织标准,当一国经常账户顺差占 GDP 比例在正负 4％之间,则被认为是外部平衡），同时 2012 年伴随中国资本项目首次出现逆差，也表明多年来的"双顺差"的国际收支失衡状况已发生拐点性质的变化。国际收支均衡意味着中国内部储蓄和投资的缺口逐渐消失，以外汇占款为主的内生性货币供给机制也相应弱化。

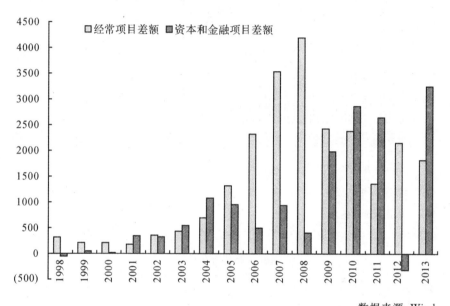

数据来源：Wind

中国国际收支趋于平衡

综合上述六个方面的分析，可以显见的是，在前期红利因素衰减和未来改革红利尚未释放之前，新的强劲增长动力尚待形成，中国经济必将经历一个降杠杆和去产能的过程，期间经济运行呈现脉冲式的小幅和反复波动特征。中期而言，继 2012 年经济增速降至 8％之后，预计随后还会经历两次增速的拐点：2015 年降至 7％以下、2020 年降至 6％以下。因此，**中国经济增速呈台阶式的下降应该是必然的，并不存在为新一轮改革铺路的问题。**

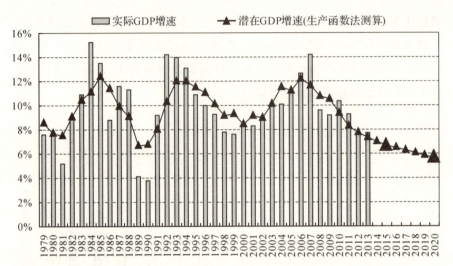

注:1978 年至今,中国实际增速明显超过潜在增长率的年份分别为:1984 年、1992 年、1993 年和 2007 年,相应在随后的年份(1985 年、1994 年、1995 年和 2008 年)发生了明显的通胀。

数据来源:国家统计局,笔者估算

中国实际增速和潜在经济增速

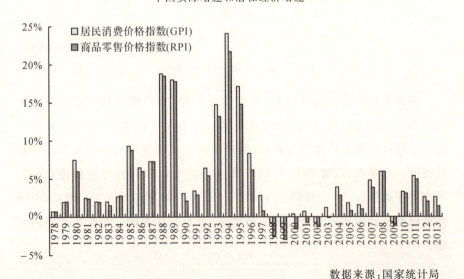

数据来源:国家统计局

中国通胀情况

二,中国在本轮危机中采取独特的反危机措施,即中央政府的反危机策略选择通过向地方政府下放金融配置权来拉动经济。

(1)本次财政并不积极。1998—2002 年,中国首次实施积极财政政策期间,财政支出/财政收入均值为 1.12,该比值在五年间升幅高达 20%,属于典型的扩张性财政政策。而反观 2008 年至今,财政支出/财政收入均值仅为 1.06,同时本次危机以来的财政赤字/财政收入的均值为 6%,也显著低于首次积极财政政策实施期间的 12%。因此,与十年前的积极相比,这次政府直接支出更偏谨慎,转而通过向地方政府释放金融配置权的方式来间接"积极"。

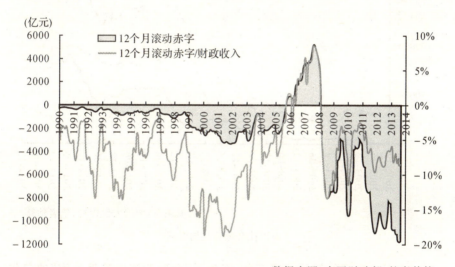

数据来源:中国财政部,笔者估算

中国财政赤字情况

(2)由于中央政府向地方政府下放金融配置权,意味着中央对地方投资饥渴症和财务约束的放松,也就出现了融资平台、影子银行快速扩张和金融加速脱媒等问题,这些金融变化又进一步推动了家庭居民金融介入程度的加深。按照中国人民银行公布的社会融资总量(Total Social

Financing,TSF)的口径①,在危机前,通过非信贷融资渠道一年释放的融资量在 2 万亿元以内,仅为信贷融资的一半,而全社会一年的融资需求在 6 万亿元左右。危机以来,虽然信贷投放很快,但和非信贷融资相比,还是增长偏慢很多,目前全社会一年需要的融资总量约在 18 万亿元左右,其中非信贷融资占 40% 左右。

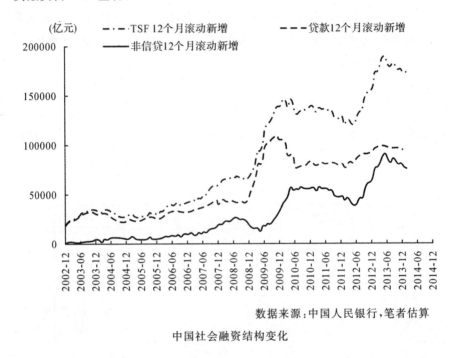

数据来源:中国人民银行,笔者估算

中国社会融资结构变化

(3)社会融资结构的快速变化,产生了"金融和实体冷热不均"的异化问题。笔者根据 16 家上市银行年报数据测算的结果显示,每年社会融资

---

① 中国人民银行公布的社会融资总量口径包括:人民币各项贷款、外币各项贷款、委托贷款、信托贷款、银行承兑汇票、企业债券、非金融企业股票融资、保险公司赔偿、投资性房地产、其他十项融资渠道的合计。参见中国人民银行《社会融资规模构成指标的说明》,http://www.pbc.gov.cn/publish/diaochatongjisi/194/2011/20110520190935664550535/20110520190935664550535_.html.

实际发生额由 2007 年的 29 万亿元已快速升至 95 万亿元。期间在非信贷类融资比重的上升、融资期限的短期化以及融资成本的变化等因素推动下,在社会融资中,借新还旧和利息支出的比重呈现上升趋势,而相应真正体现为进入实体经济的新增融资比重则不断下降,目前已经降至 13% 左右,产生了近两年来"金融和实体冷热不均"的问题。

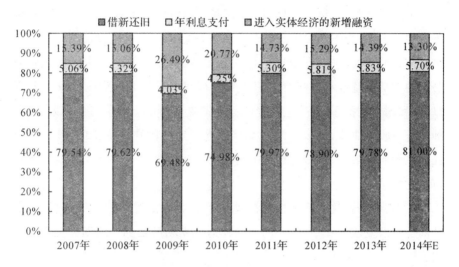

数据来源:中国人民银行,16 家上市银行历年年报,笔者估算

社会融资结构变化

(4)中国利率市场化进程受阻。截至目前,除了存款利率仍存在上限管制之外,其他各类资金基本实现了市场化定价,即中国利率市场化进程就剩下存款利率最后的"惊险一跳"了。同时伴随银行理财(WMP)、同业存单(NCD)和大额可转让定期存单(CD)等替代性金融产品的发展以及互联网金融的兴起,实际上部分具有存款功能的金融产品也已实现了市场化定价,而且 2015 年全国"两会"期间周小川行长已经给出了中国利率市场最终完成的粗线条时间表,他表示,利率市场化可能在一两年内就会完成。但本次危机爆发以来,在中央政府特有的反危机策略之下,中国信贷增长、货币供给均出现了非常规性增长,相应影响了中国利率市场化改革完成所

需具备的必要条件的形成,包括:(1)中国金融市场短期和长期利率之间有效传导机制的形成;(2)包括商业银行和实体企业在内的经济主体财务约束的进一步强化;(3)商业银行风险定价能力的提升;(4)包括市场退出机制、储户保险制度等在内的市场要件的形成;(5)包括利率锚在内的中国人民银行货币政策传导机制的完善。

由此,在货币政策多目标、反危机需要和危机复苏期防止系统性风险等多重影响下,中国人民银行迟迟不能按预定路径完成从数量型调控向价格型调控的切换,进而导致中国目前存在多重基准利率,即中国人民银行公布的存贷款基准利率(5 年期以下)、银行间市场基准利率 Shibor(1 年期以下)和国债收益率(1~50 年期)等,相应缺乏涵盖金融市场各期限、各品种的统一收益曲线,而多种基准并存最终导致中国缺乏真正的、终极的基准。在此问题解决之前,前期已市场化的利率体系在一定意义上均属于伪市场化的。

三,在中央财政的不积极和向地方下放金融配置权的共同作用下,债务问题已经变成悬在中国经济头上的"达摩克利斯之剑",问题究竟有多严重?

(1)**中国债务问题的三个比例关系。**鉴于金融体系是经营货币的,或者说金融机构就是经营信用的,所以整体金融机构的资产实际上就是非金融机构的债务,也是整个社会的负债。按照此逻辑,目前包括政府、非金融企业和居民在内的中国债务余额约为 131 万亿元,就结构而言中国在债务方面还存在三个比例关系。

比例关系之一:从非金融部类的债务人分布来看,政府和非政府的债务比例关系是二八开。截至 2013 年年底,中国非金融部类的总债务规模约 131 万亿元,其中政府债务规模为 27 万亿,非政府债务规模 104 万亿元,其中企业债务规模为 85 万亿元,居民债务规模为 19 万亿元。

比例关系之二:从非金融部类的债务产生渠道来看,非信贷和信贷的比例大体上是四六开。按照中国人民银行公布的社会融资总量数据来看,截至 2013 年年底,新增人民币和外币信贷额 12 个月滚动合计额为 9.5 万亿元,新增社会融资的 12 个月滚动合计额为 17.3 万亿元,相应新增信贷类融资占到新增社会融资量的近 6 成。

比例关系之三:从非金融部类的债务用途来看,存量债务的利息支出和债务的净增量的比例大体上是三七开。2013 年社会融资新增 17.3 万亿元,其中用于利息支出的约为 5.2 万亿元,债务的净融资量约为 12.1 万亿元。

数据来源:中国人民银行,Wind,笔者估算

中国非金融部类的债务结构

(2)债务对于居民福利的影响已经不容忽视。笔者测算的结果显示,危机以来的五年间,中国的人均债务余额已经由危机前的不足 3 万元急升至目前的 8.5 万元,五年间债务增长超过 3 倍。如果按照一年期国债的利率来测算(最低的市场利率),每年人均利息支出由危机前的 700 多元升至目前的近 3000 元,相应占人均年收入的比重也由危机前的 8% 升至 13% 左右,意味着仅债务负担就将消耗掉超过十分之一的居民经济福利。

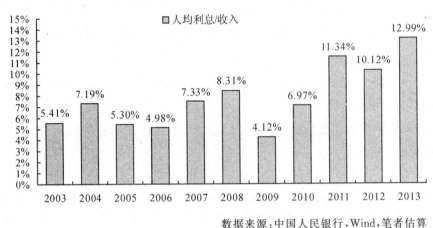

数据来源：中国人民银行，Wind，笔者估算

中国人均年利息支出占收入情况

（3）**地方政府债务负担不均衡**。按照审计署的数据，截至 2012 年底，全国政府负有偿还责任债务的债务率为 105.66%。若将按照审计署公布的政府负有担保责任的债务 19.13% 和可能承担一定救助责任的债务 14.64% 的折算率计算，中国各级政府总债务率为 113.41%，高出负有偿还

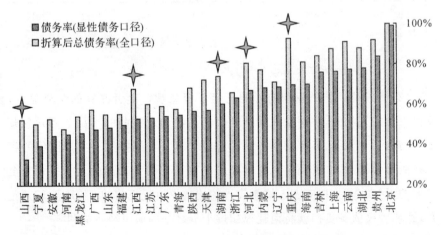

数据来源：国家审计署，各地审计署

各地显性债务和总债务情况

责任债务口径的债务率 7.75％。

　　如果按照同样测算方法,两种口径债务率差值前 5 个省市依次为:重庆、山西、江西、湖南和河北。全国仅有 8 个省市的差值低于全国平均水平:北京、辽宁、浙江、青海、广东、福建、山东和河南。

　　可见上页图标有的省市明显具有较大的偿债压力,而从行业分布来看,这些债务压力大的地区均属于钢铁、煤炭等过剩产能行业相对集中的地区,而这些地区的表外融资比重也多高于全国平均水平,说明这些高负债、过剩产能集中的地区有很大一部分债务来源于传统信贷渠道之外,这无疑也增加了这些地区的债务风险,意味着中国局部爆发债务危机的风险不容忽视。

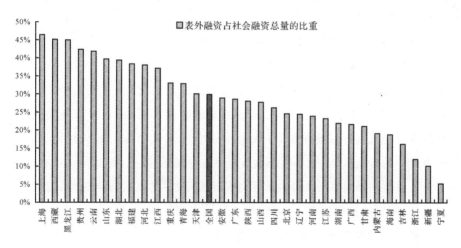

数据来源:中国人民银行,笔者计算

2013 年各地表外融资占社会融资总量的比例情况

　　因此,无论是从债务总量,还是债务增长速度以及地区分布而言,目前中国的债务风险整体可控,但在局部已经十分严重了,而债务对于中国经济增长的推动力却在衰减:2008—2013 年期间,中国每年的新增债务和新增 GDP 比值的平均值约为 3.2,即每新增加 1 个单位的经济产出,需要追加 3 个多单位的债务融资;而 2007 年的时候该比值仅为 1.6,表明债务扩张的效率正在快速下降。

四，化解目前经济困局的路径是什么？

就在 20 世纪经济大萧条的时候，海明威曾在《死于午后》中写道："冰山运动之雄伟壮观，是因为它只有八分之一在水面上。"而本文前三个问题更多是分析了近年来中国经济水面下的八分之七情况。这八分之七告诉我们，在新的制度性红利集中释放和外围市场完全恢复元气之前，中国经济必将经历一个中期减速的阶段。

本轮危机爆发至今已有七个年头，其中中国经济虽然实现了率先复苏，但融资平台、影子银行等融资方式的快速扩容，债务问题已尾大不掉，未来如何化解呢？真的就如某些专家所言，化解中国的债务问题，需要尽快建立市场出清的机制，进而通过市场将某些"僵尸企业"淘汰出去？

在探讨之前，笔者认为首先要有三点清晰的认识：

认识一：中央政府的杠杆率不能升太高。就目前中国的实际情况，尤其是社会稳定、民生问题以及外围地缘政治的复杂化，从有备无患的角度来看，中央政府出于保证一部分灵活的支出空间考虑，一定不会让自身的杠杆率升得太高。以此推断，中央政府不会采取大面积的减税措施，而从中央政府的传统而言，也可能不大支持大幅减税的措施，对此薄一波在《若干重大决策与事件的回顾》中曾引述陈云的话："世上没有点金术，也没有摇钱树，所以路只有两条，印钞票和增税。靠印钞票的路我们不能走，稳妥的办法是在税收上多想办法，打主意。"实际上近年来，有关 2009 年启动的为期两年的 4 万亿元经济刺激计划的争论一直存在，也反映出社会对于单边依靠增加货币供给救经济的担忧，而这种担忧进一步又让中央政府被迫采取"高筑墙、广积粮"的政策态度。

认识二：房价是影响居民部门杠杆率的重要因素。目前在政府、企业、金融和居民的四张资产负债表中，居民资产负债表最为健康，但如果把家庭资产中的房地产资产剥离掉，那么显然居民的资产负债表也不好看，所以如果从这个角度看，房价如果真掉下去，居民的资产负债表就会迅速变差,这一点恐怕是决策层不会接受的。实际上针对 2014 年以来房价呈现的疲弱态势(5 月份各类房价更是出现了两年来的首次环比负增长),中国人民银行已于 2014 年 5 月初有针对性地召开了住房金融服务专题座谈会,明确要求商业银行落实差别化住房信贷政策、改进住房金融服务有关工作。中国人民银行罕见地直接向商业银行喊话,表明决策层已经关注到近期房价下滑的问题。

认识三:实体企业不具备硬性去杠杆的条件。 笔者采用的杠杆率口径是债务与企业一年之内现金流的比值,目前这个比值在 300% 以上,如果通过"外科手术"式的方式硬性地降低实体企业的杠杆率,会产生什么后果?恐怕金融行业首先会扛不住,截至 2013 年年末,实体企业有 70% 的债务来自商业银行体系,而商业银行 40% 的资产是对实体企业的融资。因此,虽然近两年中国已经出现了实质性信用违约事件,而且银行体系不良也出现了明显的反弹(银监会的数据显示,2013 年第四季度中国商业银行体系不良率在时隔七个季度后重回 1% 以上,不良余额更是时隔五年后重新升至6000 亿元以上),表明商业银行在经过几年的资产负债表的快速扩张之后,已经面临对其资产负债表进行修复的问题。而观察美欧日等国家的经验以及回顾我们自身历史,每每当商业银行体系开始资产负债表修复时,金融和实体更需要抱团取暖,而非釜底抽薪,否则很容易陷入互不信任的恶性循环之中,这里面有一个大账和小账的关系。由此来看,目前中国尚不具备完全依靠市场出清的措施来迫使实体企业硬性降低杠杆率的条件。

在对上述三个问题的初步辨识之后,笔者认为化解当前中国经济运行"珍珑棋局"的途径可用一个"托"字总结。

如上文所述,当前中国经济运行中,诸如产能过剩、投资拉动经济、经济主体仍然是财务软约束等老问题,和金融加速脱媒、债务快速增加、融资成本难下等新问题交织在一起。由此,笔者不禁想起张五常老师曾讲过的一个小故事:1993 年弗里德曼访问中国时曾提出一个"砍老鼠尾巴"的比喻,他说砍老鼠尾巴要一刀砍下去,不要一寸一寸地砍,长痛不如短痛;而当一位中国官员问他，中国的老鼠是很多条尾巴缠在一起的，应先砍哪一条呢？弗里德曼没有给出答案。如今中国经济运行中的老鼠尾巴恐怕是有增无减，怎么办？对此，实际上 2013 年李克强总理在全国总工会那场著名的经济公开课上曾做过一个形象比喻，他用"骑自行车"来比喻中国经济的发展方向，"稳"不意味着不动，不动就会像骑自行车那样，会摔下来，所以我们要稳中求进，稳中有为。

当前影响中国经济自行车行进的有两个负担：一个是实体经济中的产能过剩问题，一个是在债务快速扩张下金融信用环境恶化的问题，这两个问题背后的经济学理论实质则是当前中国金融周期和商业周期存在严重脱节的问题。国际清算银行（BIS）的相关研究表明，与八年左右的商业周期相比，金融周期的低频特征更明显，大致为十五年左右。笔者认为正是这两类周期的不合拍，才在一定程度上造成宏观调控更容易陷入"进退两难"的境地，而本轮危机以及政府的反危机措施，无疑让中国的两类周期脱节程度更严重（脱节的始端应该在 2002 年就开始了，本次危机只是进一步催化了这一脱节局面）。

实际上此点才使中国人民银行在 2008 年的政策选择上出现了犹豫不决，因为当时中国人民银行正在集中力量解决因外汇占款导致的货币供给失常问题，但随后在率先实现复苏的顶层目标要求下，中国人民银行在 2008 年开始政策转向。但也由此产生了让当局频频头痛的局面，即在经济前景、投资回报率等预期不确定的环境下，包括贸易部门和非贸易部门在内的众多实体经济纷纷加入到"金融游戏"当中。伴随纯粹参与"金融游戏"的个体的增加，相应中国的金融环境和融资结构发生了深刻变化，以至于实体经济来自于实业的现金流越来越难以与其融资变化相匹配。

正是由于上述的脱节和不匹配，才使得当前中国经济的"珍珑棋局"不能采用"倒脱靴"①的解法。用李总理的话,中国经济的自行车不能倒,言外之意,就是要防止中国金融周期和商业周期脱节到断裂的程度。所以必须"托":一方面加快投融资机制的规范,将一些"空手套白狼"的高风险债务及时消除,做到有效地隔离;另一方面则需要采取适当的货币、财政、产业政策,适度地调整债务在不同利润率行业间和不同经济部类间的摆布,间接通过"抱团取暖"的策略,为现金流暂时出现困难的微观个体,延长修复时间。在"托"策的保护之下,围绕"存量"和"增量",双管齐下,尽量快地扭转经济运行中扭曲的各类关系,缓解金融周期下行期的负效应,为商业周期重回上升期创造平稳环境,将两类周期的脱节尽可能地转为合拍,等待新的制度红利再次集中释放。相应在宏观调控方面,要始终在保证短期经济波动不严重干扰中期经济发展的前提下,推进改革。

总之,正如习近平在 2013 年 4 月 25 日的政治局常务会议上提出的"宏观政策要稳住,微观政策要放活,社会政策要托底"的政策导向,当前中国经济的"珍珑棋局"的化解,必须念好"稳、放、托"的三字经。

---

① "倒脱靴",围棋死活问题中的一种独特的棋形,在对方提掉自己的数子后,再反过来叫吃,擒住对方数子。通俗地说就是"不破不立"、"先破后立"。

如果说一本书的序言是开场白,那么后记则是落幕词,过去文人把这个落幕词称作"跋",且自古就有一条不成文的规矩——序长跋短,即落幕词不能比开场白啰嗦。

不能再啰嗦了,就谈谈自己写完本书后的一个感悟。

本书写的虽是自己对十余年中国经济故事的观察和理解,但在逻辑上却离不开我老师教给我的三个支点:

眼睛盯着报纸讲什么(社会实际层面)——江湖

耳朵听着政治家说什么(政治决策层面)——庙堂

心里装着经济框架(经济分析层面)——书本

　　而在这三个支点下,中国经济故事背后的逻辑究竟是什么呢? 谈此问题,需从历史谈起,因为历史和逻辑永远是统一的。

　　自 1949 年新中国成立以来,有关中国道路究竟是什么样的,就一直在讨论、在研究,也在不停地争论,我的理解其背后实际是在讨论如何长久地保持"三个自信"的问题,即政治自信、社会自信和经济自信。

　　1949 年新中国成立后,中国具备了前所未有的政治和社会自信,只是在经济自信方面存在很大不足,当时叫百业待兴,所以就有了经济赶超目标的确立,相应产生了"总路线、大跃进及人民公社"的"三面红旗"路线图,其实质则是通过快速地推动生产方式由简单小生产方式向社会化大生产方式的转变。当然在这一转变过程中,确实出现了不少波折,例如,"文革"浩劫就是由于政治的过度自信,反而对社会自信和经济自信造成了严重的伤害。

　　1978 年之后,我们第一次对三个自信进行了重大修复(或者说是调整),即在有关"真理标准"的大讨论推动下,最终形成了《关于建国以来党的若干历史问题的决议》,由此第二代领导人完成了对第一代领导人确立的政治自信继承和修复。而同期确立的改革开放则是对经济自信的调整和发展,并且十分明确地提出共同富裕的发展终极目标,以强化社会认同,争取多数人对于改革的支持,完成对社会自信的巩固,相应就出现了"发展是硬道理"的思路,而对市场机制的重视,则是为了更好地落实"硬道理"。

　　随后的三代、四代领导人期间,相继提出了"三个代表""两个百年目标""科学发展观""和谐社会"等重大理论,但基本都是在延续"发展是硬道理"的经济自信之路,相应在政治和社会自信方面进行了局部调整。

　　如今中国经济运行已经进入"新常态"阶段,加之全球格局在 2008 年金融危机的冲击下正在发生深刻的变化,而近年来海外总还有"中国经济崩溃论"的声音、中国内部对于贪腐的深恶痛绝以及社会成员间纽带的淡化,则表明中国道路的"三个自信"再一次进入重要战略调整期。

　　2012 年 11 月,党的十八大召开,四代和五代领导人完成了交接班,随后于 2013 年 11 月 12 日,党的十八届三中全会审议通过的《中共中央关于全面深化改革若干重大问题的决定》则已经明确了这次调整的"顶层设计"蓝图。

　　而就在笔者对本书进行最后修订的阶段，中国股市却正在经历着一次史无前例的波动，上证综指从 6 月 12 日的 5178 点一路下跌至 7 月 8 日的 3421 点，17 个交易日内股指跌幅高达 34％，一时间诸如"股灾""踩踏""恐慌""崩盘""危机"等言语充斥着微博、微信。在政府密集的救市措施下，股指虽然已经止住了下跌趋势，并且在 7 月 10 日收在 3878 点位，看似这一次中国股市又将"有惊无险"，但此次股市的巨幅波动一定会对后期金融市场、宏观经济运行乃至民众的心理留下长足的影响，有人已经开始担忧"市场化中最重要的契约精神，已经被此役攻得荡然无存"。要知道党的十八届三中全会通过的《关于全面深化改革若干重大问题的决定》的一个重要内容就是"要紧紧围绕使市场在资源配置中起决定性作用，深化经济体制改革，坚持和完善基本经济制度，加快完善现代市场体系、宏观调控体系、开放型经济体系，加快转变经济发展方式，加快建设创新型国家，推动经济更有效率、更加公平、更可持续发展"。而此次股票市场波动和救市应对，让我们在对市场加深认识的同时，也留给我们更多值得深思的地方，再一次表明我们已经走到了对"三个自信"进行修复和调整的关键时期，共同富裕的发展终极目标已经被进一步升华为"实现中华民族伟大复兴的中国梦"。未来的路怎么走？"顶层设计"蓝图怎么落地？我想这才是大家更为关注的，本书的初衷也是于此，而问题的答案则要靠全社会的努力。

　　写到这儿，我不禁想起了明代东林书院创办人顾宪成的一句名联：风声雨声读书声声声入耳，家事国事天下事事事关心。

　　好了，有规矩就得遵守，不能再啰嗦了。

　　记得与好友苏畅在一次聊天时，他曾感慨："一本书最有意思的可能也就是一两句话可以点破的东西，一篇报告不论如何长篇大论，最能触动人的可能只是一两个小图，一段经历最有价值的也不过是给自己留了点滴回忆的痕迹。"我想把这句话作为本书结尾，因为本书可以算作是送给自己不惑之年的礼物。

张涛
于 2015 年 7 月 12 日凌晨

图书在版编目（CIP）数据

中国经济这些年:关乎你财富的八件事/张涛著.
—杭州:浙江大学出版社,2016.1

ISBN 978-7-308-15421-5

Ⅰ.①中… Ⅱ.①张… Ⅲ.①中国经济—研究
Ⅳ.①F12

中国版本图书馆 CIP 数据核字（2015）第 301911 号

中国经济这些年:关乎你财富的八件事

张　涛　著

策　　划	杭州蓝狮子文化创意有限公司	
责任编辑	曲　静	
责任校对	杨　茜	
出版发行	浙江大学出版社	
	（杭州市天目山路 148 号　邮政编码 310007）	
	（网址:http://www.zjupress.com）	
排　　版	杭州中大图文设计有限公司	
印　　刷	杭州钱江彩色印务有限公司	
开　　本	710mm×1000mm　1/16	
印　　张	14	
字　　数	174 千	
版 印 次	2016 年 1 月第 1 版　2016 年 1 月第 1 次印刷	
书　　号	ISBN 978-7-308-15421-5	
定　　价	42.00 元	